법조계의 경고음

김제방 역사서사시집

문학공원 시선 243

법조계의 경고음

김제방 역사서사시집

대한민국 역사를 보여주는 詩

누구를 믿으려하느냐 세상에 믿을 놈 없다는 소리다
2024년 4월 10일 제22대 총선은 전쟁같은 선거다
한국정치를 넘어 세계정세도 그렇다
기댈 곳이 없어 보인다

문학공원

〈서언〉

한동훈 효과

아버지와 아들이 목욕탕엘 갔다
아버지가 욕조에 들어가면서
“아이구 시원하다!”
아들이 따라 들어가니 물이 뜨겁다
“믿을 놈 하나도 없네”라고 하는
우스겟 소리가 생각난다
누구를 믿으려하느냐
세상에 믿을 놈 없다는 소리다
2024년 4월 10일 제22대 총선은
전쟁같은 선거다
한국정치를 넘어 세계정세도 그렇다
기댈 곳이 없어 보인다
한동훈 국민의힘 비상대책위원장이 신선해 보여
그나마 다행이라는 생각을 해본다
믿을 놈 하나도 없는 이 세상!
1973년생 한동훈 ‘한동훈 효과’에
마음을 담아 보고 싶은 것이다

차례

제1장
선각자 박정희·이병철

제2장
전쟁 같은 정치

차례

제 3 장
한동훈 효과

제 4 장
보수와 진보의 차이

제 5 장
법조계에 경종을

제1장

선각자 박정희 · 이병철

윤석열 대통령 신년사

2024년 1월 1일 윤석열 대통령은
“모든 국정의 중심은 국민”이라며
“검토만 하는 정부가 아니라
문제 해결을 위해 행동하는 정부가 되겠다”고 밝혔다
우리의 미래를 위해 언젠가 누군가 해야 한다면
바로 지금 제가 하겠다”며 이같이 강조했다
집권 3년차를 맞아 노동 · 연금 · 교육 등
3대 개혁을 지속하는 한편 국민이 체감할 수 있는
민생정책을 속도감 있게 실현하겠다는 의지를 보였다는
해석이 나온다
윤 대통령은 또
“부패한 패거리 카르텔과 싸우지 않고는
진정 국민을 위한 개혁이 불가능하다”며
“자기들만의 이권과 이념에 기반을 둔 패거리 카르텔을
반드시 타파하겠다”고 강조하면서
북한 핵 · 미사일 위협에 대해서는
“상대의 선의에 의존하는 굴종적 평화가 아닌 힘
에 의한 진정하고 항구적인 평화를
확고히 구축해 나가고 있다”고 했다

이재명 대표 피습

더불어민주당 이재명 대표가 4·10총선을 99일 앞둔
2024년 1월 2일 오전 10시 27분경
부산 강서구 가덕도 신공항 부지를 둘러본 뒤
기자들과 질의응답을 하며 걸어서 이동하든 중
김모 씨(67)로부터 흉기피습을 받았다
여야가 총선 일정을 본격적으로 시작한
첫날 벌어진 피습 사건에 민주당 지도부는
이날 일정을 전면 취소했다
한동훈 비상대책위원장 등 국민의힘 지도부도
일부 일정을 취소했다
민주당은 "이 대표에 대한 정치 테러이자
민주주의에 대한 심각한 위협"이라고 강하게 규탄했고
윤석열 대통령도 "결코 있어서는 안 될 일이 벌어졌다
우리 사회가 어떤 경우라도 이런 폭력 행위를
용납해서는 안 된다"고 했다
이 대표는 부산대병원에서 응급조치 후
오후 3시경 헬기로 서울 종로구 서울대병원으로 옮겨져
입원 치료를 받았다

일본 이시카와현 강진

새해 첫날인 2024년 1월 1일 일본
이시카와현에서 발생한 규모 7.6강진으로
수십 명이 사망했다
무너진 건물에 깔린 주민들에 대한
신고가 잇따르고 있다
이 일대에는 많은 원자력발전소가 밀집해 있는 만큼
향후 원전 안전 우려가 커질 것으로 보인다
2일 교도통신 등에 따르면 전날 발생한 강진으로
최소 48명이 사망하고 부상자도 100명이 넘었다
도로와 건물 등이 심각하게 파기된 만큼
정확한 피해규모를 파악하는 데는
시간이 걸릴 것으로 보인다
기시다 후미오 총리는 인명구조를 위해
가능한 모든 조치를 취하라고 지시하며
'비상재해대책본부' 회의를 개최해
구체적 대응방안을 논의했다

이재명 피습 음모론

2024년 1월 2일 이재명 더불어민주당 대표
피습사건이 발생한 직후부터
음모론 · 배후설 등 억측과 혐오 발언이
봇물을 이루고 있다
'가짜 칼로 연출한 야당의 자작극'
'정권의 사주로 벌어진 일'이란 주장부터
이 대표의 서울대병원 이송 · 재판 지연과
관련해 온갖 루머가 판치고 있다
피의자의 신원을 놓고도 '민주당 당적'
'과거 국민의힘 당원'이라는 등 소문이 넘쳐나
"'증오정치 바이러스'가 더 독해졌다"며
이러다가 98일 남은 총선도 국
민을 대표할 후보와 공약을 검증하지 못한 채
진영에 대한 증오를 기반으로 한
'분노 투표'로 변질될 것이라는
우려의 소리가 나오고 있다

한동훈의 5 · 18정신

한동훈 국민의힘 비상대책위원장이
1월 4일 광주를 찾아
“헌법 전문에 5 · 18정신을 수록하는 것에
적극적으로 찬성한다”고 밝혔다
새해 전국 순회를 대전에서 시작해
텃밭 대구를 방문한 뒤 세 번째로
험지인 광주를 찾은 것이다
한 위원장은 5 · 18민주묘지를 참배한 뒤 기자들과 만나
“5월의 광주 정신은 어려운 상황에서
민주주의를 지키는 정신”이라며
“지금 대한민국의 헌법 정신과 정확히 일치한다”고 말했다
특히 그는 “헌법 전문에 5 · 18정신이 들어가면
우리 헌법이 훨씬 더 풍성 · 선명해지며
자랑스러워질 것 같다”며
“헌법 전문 수록에 단순히 동의하는 게 아니라
적극적으로 추진한다는 게
당의 공식 입장”이라고 강조했다

이란 폭발 참사

이란의 케르만시 순교자 묘역에서
1월 3일 기셈 슬레이마니 이란 혁명수비대
쿠드순 사령관 4주기 추도식 중 발생한 폭발사고로
최소 103명이 사망한데 대해 이란 정부는
미국과 이스라엘을 배후로 지목하고
강력 응징을 예고했다
팔레스타인 가자지구에서 시작된 갈등의 불씨가
홍해 · 시리아 · 이라크 · 레바논을 거쳐
'시아파 벨트' 중심축인 이란 본토까지 번지는 모습이다
이란 최고지도자 아야톨라 세예드 알리 하메네이는
성명을 내고 "사악한 이란의 적들이
또 재앙을 일으켰다"며
"이런 재앙은 반드시 강경한 대응을
마주하게 될 것"이라고 밝혔다
이란은 이번 테러가 자신들의 소행이라고 밝힌 국
가나 단체가 없는 상황에서도
미국과 이스라엘을 사실상 배후로 단정하고
강경 메시지를 쏟아냈다
미국과 이스라엘은 급히 진화에 나섰다
매슈 밀러 미 국무부 대변인은
"미국은 어떤 식으로든 관여하지 않았다"며

“이스라엘이 이번 폭발에 연루됐다고
믿을 이유도 없다”고 말했다
이스라엘은 공식적인 언급을 삼갔다
다만 월스트리트저널은 이스라엘이 미국 등
동맹국에 이번 테러는 자신들의 소행이 아니라는
설명을 전달했다고 보도했다
일각에선 수니파 무장단체 이슬람국가(IS)가
시아파 맹주 이란을 도발하기 위해
테러를 계획했다는 주장이 제기됐다

1월 5일의 하루

북한이 5일 북방한계선 북방 서해 해상 완충구역으로
200발이 넘는 포를 집중적으로 퍼부었다
우리 군은 이에 대응해 배에 해당하는
400여 발의 포를 우리 측 서해 해상 완충구역으로 쐈다
우리 군이 해상완충구역으로 포를 쏜 건
2018년 9 · 19남북군사합의 체결 후 처음이다

대통령실이 윤석열 대통령의 부인 김건희 여사를
보좌하는 제2부속실을 설치하기로 결정했다
윤석열 대통령은 5일 '김건희특별법'
'대장동50억클럽 특검법' 등
이른바 쌍특검법에 대한 거부권을 행사했다
김건희 특검법에 대한 거부권 행사를 두고
부정적인 여론을 달래기 위해 윤 대통령이
제2부속실 설치를 수용하겠다는 분석이 나온다

국민의힘이 5일 "22대총선 공천에서
증오를 이야기하는 발언이나
막말을 사용하는 분들의 자리는 없다"고 밝혔다
더불어민주당도 이날 총선 공천 심사를 주도하는
공천관리위원회가 출범한 뒤 공천 심사에서

증오 발언 여부를 반영하는
방안을 마련하겠다는 입장이다

조희대 대법원장이 신임 법원행정처장에
천대엽 대법관(60)을 임명했다
법원행정처장은 대법원장을 보좌해
법원조직과 예산·인사 등 사법 행정을 총괄하는 자리다
처장 재임기간에는 재판에 참여하지 않고
대법관·공수사처장 후보 추천위원회 등에
당연직 위원으로 참여한다

안중근 의사의 유묵

그림은 김홍도 도자기는 달항아리
서예는 안중근 의사?
안중근 의사가 쓴 유묵이 최근에
'용호지웅세기작인묘지태(龍虎之雄勢豈作蚓猫之態 ·
용과 호랑이의 웅장한 자태가
어찌 지렁이와 고양이 따위의 자태를 일삼으랴)가
19억5천만 원에 낙찰되었다고 한다
그동안 일본의 개인 소장가가 보유하고 있었으며
전혀 알려지지 않은 작품이어서 주목을 받았다

'서예는 안중근' 대목에서 다들 놀란다
'추사가 아니고? 한석봉이 아니고?
안중근?' 이런 반응이다
아직까지 아주 특수한 몇몇 경우 외에는
안중근의 글씨처럼 기본 수억 원대의
가격이 형성된 서예작품을 본 적이 없다
안중근 다음으로는 뭐가 잘 팔리는가?
시장에 꾸준히 수요와 공급을 일으키며
자리를 잡은 작가들 중에서 거래량과
가격대를 고려해 꼽아보자면
정치인들 인기순으로 박정희 대통령이 으뜸이다

그 다음이 정치인은 아니지만
삼성의 창업주 호암 이병철
그리고 백범 김구 선생과 이승만 대통령
그 다음으로 김영삼·김대중 대통령
그 아래로 더 꼽아보자면 소전 손재형·위창 오세창·
담원 정인보 정도라고 했다
그러나 요즘은 서예가격이 처참해서
'추사체' 말고는 가격이 떨어지고만 있다
10년 새 다들 반토막이 돼
박정희 대통령과 이병철 창업주는 2천만 원
김구 선생과 이승만 대통령은 1천만 원대
김영삼·김대중 대통령은 몇백만 원
그 아래는 일단 1백만 원에서 시작하거나
아니면 그 밑으로도 거래된다고 했다

김대중 탄생 100주년

2024년 1월 6일 여야 정치인들이
김대중 전 대통령 탄생 100주년 기념식에 참석해
"분열보다 국민 통합이 중요하다"고 강조했다
국민의힘 한동훈 비상대책위원장은
경기 고양시 킨텍스에서 열린 기념식 축사를 통해
외환위기 당시 금모으기 운동을 거론하며
"지역과 진영에 상관없이 정말
이 나라가 하나가 된 굉장한 경험이었다"며
"지금 이 나라에 꼭 필요한 화합과
공감의 경험을 김대중 전 대통령은
국민과 함께 했다"고 했다
입원 치료 중인 민주당 이재명 대표는
고민정 최고위원이 대독한 축사에서
"민주주의와 민생경제와 남북관계가 모두 위기입니다
어떻게 해야합니까 라는
김대중 전 대통령의 말씀은
마치 오늘의 현실을 질타하는 것 같다"며
윤석열 정부를 비판했다

이낙연의 눈물

더불어민주당 이낙연 전 대표가 1월 7일
광주 국립5 · 18민주묘지에서 무릎을 꿇고
묵념하며 참배하던 도중 눈물을 흘렸다
창당 일정을 준비 중인 이낙연 전 대표는 기자들과 만나
“이번 주 후반에는 당원들에게 인사를 드리고
용서를 구해야 하지 않겠나”라고 하면서
“거취에 대해 분명히 하는 것이 옳다고 생각한다”며
이같이 말했다
창당 준비 중인 국민의힘 이준석 전 대표
새로운선택 금태섭 공동대표와의
합당 계획을 묻는 질문에
“나라를 망가뜨리고 있는 양당 독점의 정치구도를 깨고
국민들께 새로운 희망의 선택지를 드리는 일에
뜻을 같이하는 사람이라면 누구든지 협력해야 한다고
생각한다”고 답하면서
다만 이준석 전 대표와의 ‘낙석연대’라는
“그 조어 낙석(落石)은 의도가 있는 것 같아
받아들이기 싫다”고 답했다

이상민 여당 입당

더불어민주당을 탈당한
5선의 이상민 의원(대전 유성을)이
1월 8일 국민의힘에 입당했다
"국민의힘이 이번 총선에서 원내 1당이 되어
윤석열 정부가 안정적으로 국정운영을 해야 한다"고
말한 그는 국회 본청에서 열린 입당 환영식에
국민의힘을 상징하는 붉은 넥타이 차림으로
한동훈 비상대책위원장이 직접 미는
휠체어를 타고 들어왔다
이상민 의원은 "국민의힘 험지로 알려진
내 지역구부터 챙기고
인접한 세종·충남·충북 중부권에서
총선 승리에 조금이라도 역할을 하고 싶다"고 말했다
대전은 4년 전 총선에서 7개 지역구 모두
민주당이 차지했다
한동훈 위원장은 "지금 민주당이 과거 민주당과 달리
개딸전체주의가 돼 이 나라와 동료 시민의 삶과
미래를 위협하는 존재가 돼 버린 것을 막기 위해
이 의원이 용기를 내줬다"며 환영했다

MB 이승만기념관에 성금

이명박대통령기념재단이 1월 8일
이승만대통령기념관 건립을 위해
소정의 건립기금을 기부했다
MB는 성금을 내며
“이승만 대통령은 지금 봐도 놀라울 정도의
외교적 감각과 추진력을 가지신 분”이라며
“외교적 혜안을 바탕으로
자유민주주의 국가를 출범하고
한미상호방위조약을 체결해
지금의 대한민국 발전을 가능케 했다”고 말했다
이승만대통령기념재단을 중심으로 한
기념관건립추진위원회는 1월 7일 기준
90여억 원의 성금을 모금했다

개 식용금지법 통과

2024년 1월 9일 개식용금지법이
국회 본회의를 통과했다
윤 대통령 대선공약인 우주항공청 설치법과
이태원참사특별법도 통과됐다
'개의 식용목적의 사육 · 도살 및
유통 종식에 관한 특별법'은
재석 210명 중 찬성 208표 기권 2표로
'우주항공청의 설치 및 운영에에 관한 특별법안은
재석 266명 중 찬성 263표 기권 3표로
'10 · 29이태원참사 피해자 권리보장과
진상규명 및 재발방지를 위한 특별법'은
재석 177인 중 찬성 177표로 통과됐다
국민의힘은 불참했다

이재명 퇴원하는 날

피습 사건으로 치료를 받아온
이재명 더불어민주당 대표가
1월 10일 서울대병원에서 퇴원하면서
"상대를 죽여 없애야 하는
전쟁 같은 정치를 종식해야 한다"고 말했다
같은 날 더불어민주당 비주류 모임인
'원칙과 상식' 의원 3명(이원욱 · 김종민 · 조응천)이
탈당을 선언하면서 "지금 이재명 체제로는
윤석열 정부를 심판하지 못한다"면서다
이들과 함께 탈당할 예정이었던 윤영찬 의원은
기자회견 30분 전 잔류를 선언하며
돌연 입장을 바꿨다
그의 선회를 두고 여러 추측이 오갔다

이낙연 탈당

이낙연 전 더불어민주당 대표가 1월 11일
민주당 탈당을 선언하면서
총선 불출마 의사를 밝히고 신당 창당을 공식화했다
비명계의 모임 '원칙과 상식' 소속 의원 3명이
전날 탈당한 데 이어 이 전 대표가 탈당하면서
총선을 앞두고 민주당 분열이 본격화됐다
이낙연 전 대표는 국회에서 기자회견을 열어
"민주당은 김대중 · 노무현의 정신과 가치와
품격은 사라지고 폭력적이고 저급한 언동이 횡행하는
'1인 정당' '방탄 정당'으로 변질했다"며
"당내 비판자와 저의 지지자들은 2년 동안
전국에서 '수박'으로 모멸받고
'처단'의 대상으로 공격받았다"고
탈당 배경을 설명했다
민주당 의원 129명은 이날 공동성명을 통해
"민주당의 분열은
윤석열 정권을 도와줄 뿐"이라고 비판했다

국민의힘 공천관리위원회

제22대 총선에서 공천을 책임질
국민의힘 10명의 공천관리위원회가 구성을 완료했다
위원장: 정영환(64) 고려대 법학전문대학원 교수
당내위원: 이철규(67) · 이종성(54) · 장동휘(55) 의원
외부위원: 유일준(58) · 황형준(56) · 윤승주(54)
전종학(54) · 전혜진(49) · 문혜영(45)
4월 총선을 90일 앞둔 1월 11일
한동훈 비상대책위원장은 친윤 핵심 이철규 의원의
국민의힘 공천관리위원회 합류로
'윤심 공천' 논란이 불거지자
"지금 당을 이끄는 것은 나다
이기는 공천 설득력 있는 공천을 공관위원장과
제가 직접 챙길 것이다"라고 말했다

중동 확전 위기

미국과 영국이 1월 12일
세계 물류의 '동맥'인 홍해를 공격해온
친이란 예멘반군 후티의 군사 시설을 기습 타격했다
전날 이란 해군이 호르무즈 해협 인근 오만에서
미 유조선을 나포한 데 대한 보복공격이었다
공습을 당한 후티 반군도 즉각 보복을 경고하고 나섰다
중동 내 친이란 세력과 미 · 영 등 서방 간
군사적 대결이 고조되면서
5차 중동전쟁 발발 우려마저 나온다

미 · 영국은 12일 전투기 · 함정 등을 동원해
100여 발의 미사일로 후티 근거지를 정밀 타격했다
조 바이든 미 대통령은 공습 뒤 성명을 내고
"세계 무역로를 위협하는
후티의 전례 없는 공격에 대응하기 위해
예멘의 여러 목표물을 제거하는데 성공했다"고 밝혔다
리시 수낵 영국 총리는 "영국 공군 전투기가
표적공격 수행을 도왔다
이번 공격은 자위권을 위한 제한적이고
필요한 비례적인 조치"라고 밝혔다
한국을 포함한 10개국은

미 · 영국군 공습을 지지하는 공동성명을 냈다
중동 정세는 이란을 비롯한 후티 · 하마스 · 헤즈볼라 등
친이란 세력과 미국 이스라엘 등 친서방 세력이
군사적으로 직접 충돌하는 형국으로 비화했다

이재명 피습 은폐

2024년 1월 12일 더불어민주당이
이재명 대표 피습 사건과 관련해
"경찰 수사 발표는 무효"라며 전면 재수사를 요구하자
국민의힘은 "음모론으로 여론 몰이에 나섰다"고 맞받았다
민주당 정청래 최고위원은 최고위원 회의에서
"경찰은 부실 수사와 축소 · 은폐 의혹에 대해
다시 수사하고 다시 발표해야 한다"며
"그러지 않으면 국회가 국정조사 특검 등의
권한을 행사할 수밖에 없다는 점을
분명히 말한다"고 했다
그는 " 이 대표가 구급차에 실려 간 직후
경찰이 서둘러 물청소로 현장 핏자국을 지웠다
이건 증거인멸이 아닌가"라고 했다
국민의힘은 "경찰이 수사를
소극적으로 할 이유가 없다"며
민주당이 펼치는 '음모론'을 일축했고
더불어민주당을 탈당한 김종민 · 조응천 · 이원욱 의원이
'미래대연합' 창당을 선언했다
이낙연 전 대표도
신당 당명으로 '새로운미래'를 발표하고
"거대 양당의 극단의 정치를 타파하고

정치 정상화를 위해 다당제 실현과
개헌에 나서겠다"고 했다

더불어민주당 임혁백 공천관리위원장이
12일 공천자격 심사 때 증오·폭력 발언 등에 대해
엄격한 기준을 적용하겠다는 방침을 강조했다
이재명 대표의 피습사건 이후
국민의힘 한동훈 비상대책위원장이
"극단적 혐오의 언행을 하시는 분들은
우리 당에 있을 자리가 없을 것"이라
사실상의 공천 불이익을 예고한 가운데
민주당도 보다 엄격한 검증 잣대를 들이댈 것으로 보인다

친미반중 택한 대만

선거의 해인 2024년 주요국 첫 대선이자
미국과 중국의 대리전 성격으로 치러진
1월 13일 대만 총통 선거에서
반중국독립주의 성향이 강한 집권 민주진보당(민진당)의
라이칭더(賴淸德 · 65) 후보가 승리했다
라이칭더의 당선으로 대만은 미국과 협력해
중국을 견제하는 현재 구도를 강화할 것으로 보인다
중국은 이에 맞서 경제 · 외교 · 군사 수단을 총동원해
대만 압박 수위를 높이며
길들이기에 나설 가능성이 높아
대만해협 정세가 요동칠 수 있다
직간접적 파장이 불가피한 한국이
치밀하게 대응해야한다는 지적이 나온다

미래대연합 창준위 출범

더불어민주당을 탈당한 김종민 · 이원욱 · 조응천 의원과
박원석 전 정의당 의원
정태근 전 한나라당 의원이 추진 중인
가칭 '미래대연합'이 1월 14일 창당발기인 대회를 열고
본격적인 창당 작업에 돌입했다
14일 미래대연합은 국회 의원회관에서 창당발기인대회와
창당준비위원회 출범식을 열었는데
출범식에는 제3지대 인사가 대거 참석했다
이낙연 · 이준석 전 대표와 금태섭 새로운선택 공동대표
양향자 한국의희망 대표 등이 함께했다
이낙연 전 대표는 축사에서
"기득권 세력과 싸우려면
우리가 먼저 뭉쳐야 한다"고 말하면서
"미래대연합의 길에 함께하겠다는 약속을 드린다"며
"텐트 크게 쳐주십시오"라고 했다

선각자 박정희 · 이병철

윤석열 대통령이 1월 15일
반도체산업 육성을 '전쟁'에 비유하며
가능한 모든 지원을 하겠다는 의지를 나타냈다
경기 수원시 성균관대학 반도체관에서
'민생을 살찌우는 반도체산업'이라는
주제로 민생토론회를 열고
산업통산자원부와 과학기술정보통신부의
올해 반도체산업정책 업무보고를 겸한 자리에서다
윤 대통령은 "국제분업 체계에서
비싼 물건을 만들어 파는 나라가 잘사는 나라인데
반도체를 비롯한 최첨단제품은 이 체계에서
우리가 우위에 있을 수 있도록 만드는 제품"이라며
"반도체는 또 그 어떤 산업보다
우리 민생을 풍요롭게 하고
양질의 일자리를 제공한다"고 말했다
윤 대통령은 박정희 대통령과
이병철 삼성그룹 창업회장을 '선각자'로 언급하며
반도체산업에 대한 선제적 투자 중요성을 강조하면서
"우리나라엔 정말 선각자들이 있었다"며
"박정희 대통령이 돌아가시기
전 당시 서울시 1년 예산에 준하는 정도를

반도체 산업에 투자하기로 하고
국책은행인 산업은행에 그 자금을 조성해
삼성 이병철 회장에게 반도체 산업을 시작하도록
밀어줬다"고 말했다
이 과정을 설명하면서
"미래 세대에 얼마나 큰 기회의 문을
열어줬는지 모른다"고 평가하기도 했다
산업부와 과기정통부는 이날 경기 남부 일대에 조성 중인
'반도체메가클러스터'에
2047년까지 622조원을 투자하고 이와 관련한
양질의 일자리 300만 개가 창출될 것이라고 발표했다
윤 대통령은 이를 통해 반도체산업이 성장하면
전후방 협력사들이 이익을 보고
결과적으로 지역주민 및 전 국민에게
혜택이 돌아갈 것이라고 기대했다

폭주하는 김정은

김정은 북한 국무위원장이 1월 15일
최고인민회의 시정연설을 통해 헌법에
'대한민국을 제1적국'으로 명기하고
'자주 · 평화 · 민족대단결'이란 표현을 삭제하겠다고 밝혔다
또 전쟁이 일어나면 대한민국을 완전히
점령 · 평정 · 수복해 편입시키는 문제도 반영하라고 했다
김정은은 특히 선대(先代)의 남북합의를 부정하고
그 상징물까지 철거할 것을 지시하며
"공화국의 민족역사에서 '통일 · 화해 · 동족'이라는
개념 자체를 완전히 제거해 버려야 한다"고도 했다
그러나 무모해 보이는 호전성의 근저엔
체제 유지에 대한 불안감이 깔려있으며
내부의 시선을 외부로 돌리는 공세야말로
주민들의 불만을 차단하기 위한
독재체제의 만능수법이란 것이다

제2장

전쟁 같은 정치

이재명 지역구 간 한동훈

한동훈 국민의힘 비상대책위원장이
1월 16일 인천 계양구에서 열린
국민의힘 인천시당 신년인사회에서
“국민의힘이 이번 총선에서 승리해
국회의원 수를 300명에서 250명으로 줄이는
법 개정을 발의하고 통과 시키겠다”고 말했다
① 국회의원 불체포특권 포기
② 금고형 이상 형확정시 재판기간 세비반납
③ 국민의힘 귀책사유로 치러지는 보궐선거 무공천에
　이은 네 번째 개혁안인 셈이다
동석한 원희룡 전 국토교통부 장관은
이재명 대표를 ‘돌덩이’라고 칭하면서
“대한민국이 앞으로 나가야 하는데
돌덩이 하나가 자기만 살려고
이 길을 막고 있다”며
“제가 온몸으로 치우겠다”고 말했다

당무 복귀한 이재명

이재명 더불어민주당 대표가
1월 17일 흉기피습 보름 만에 당무에 복귀하며
내뱉은 일성은 '정권심판론'이었다
"상대를 제거하지 않으면 불안하고
내가 모든 것을 가지겠다는 생각 때문에
정치가 전쟁이 되고 있다"면서
이번 총선을 "정권에 대한 중간평가이자
권력에 대한 심판 선거"라고 규정한 그는
"상응하는 책임을 물어야 한다"고 말했다
그는 "법으로 죽여보고 펜으로 죽여보고
그래도 안 되니 칼로 죽이려 하지만
절대 죽지 않는다"며
"최선의 노력으로 통합하고
국민 눈높이에 맞는 공정한 혁신적인 공천을 통해
국민에게 새로운 희망을 보여드릴 것"이라고 했다
그러나 이재명 대표 앞엔 미뤄둔 난제가 수두룩하다
당의 추가 분열을 막는 게 급선무다
그가 자리를 비운 동안 이낙연 전 대표와
이원욱 · 김종민 · 조응천 의원이 탈당했다
개인 신상을 둘러싼 상황도 복잡하다
16일 한동훈 국민의힘 비상대책위원장은

인천 계양을을 찾아 이 지역 출마를 선언한
원희룡 전 국토교통부장관과 손을 맞잡았다
이 대표 측은 "전혀 위기감이 없다"지만
대선 잠용인 원희룡 전 장관이 지역구에서
이 대표와 맞상대하면 "정권심판'이란
선거 프레임이 약해질 수 있다는 분석이다
당에선 "'비례대표 출마'는 자기 목숨을 지키기란 비판에
'지역구 출마'는 전국 선거지휘 부재라는
비판에 직면할 것"이란 분석도 있고
이 대표가 흉기피습을
여권의 살해시도인 것처럼 표현 대목은
한동훈 국민의힘 비대위원장을 바로 자극해
"그 정도면 망상"이라고 했다

파키스탄 이란공습

2023년 10월 팔레스타인 무장단체 하마스의
이스라엘 기습 공격으로 발발한 중동전쟁이
중동 · 홍해를 넘어 서남아시아 파키스탄으로 번졌다
파키스탄은 인접국 이란의 공격을 받은 지 이틀 만인
1월 18일 보복 공습을 단행했다
파키스탄은 세계 5위의 인구 대국이자
비공식 핵보유국으로 중동전쟁이
핵전쟁 위험까지 불렀다는 우려가 나온다
파키스탄 외교부는 이날 성명을 내고
"국익 수호를 위해 이란 시스탄발루치스탄주의
테러범 은신처에 정밀 타격을 수행했다"고 밝혔다
이는 1월 16일 이란이 파키스탄에 근거지를 두고 있는
자국의 수니파 분리주의 무장단체 '자이시알아들'의
근거지를 공습한 데 따른 후속 조치다

우리 북한은?

이재명 더불어민주당 대표는
1월 19일 최고위원회의에서
“적대적 행위를 중단하고
한반도의 긴장을 완화할 지혜를 발휘해야 한다”며
윤 대통령을 향해 “옆집에서 돌맹이를 던진다고
더 큰 돌을 던져서 더 큰 상처를 낸다
한들 우리에게 무슨 도움이 되겠느냐”고 했다
김정은에 대해선 “미사일 도발을 당장 멈춰야 한다
무모한 도발을 지속할수록
국제사회에서 고립될 것”이라며
“선대를 우리 북한의 김정일 또 김일성 주석의 노력이
폄훼되지 않도록 훼손되지 않도록 애써야 할 것”이라고 해
논란이 되고 있다

이에 대해 북한 고위 외교관 출신인
태영호 국민의힘 의원은
“김정은이 폄훼하지 말아야 할 김정일 김일성의
노력이 무엇인지 묻고 싶다”며
“김일성은 6 · 25전쟁을 일으켜 우리 민족에게
헤아릴 수 없는 불행과 재난을 가져다준
주범”이라고 지적했다

태 의원은 이 대표가 '선대'라는 표현을 두고도
"북한에서 김일성과 김정일을 '선대 수령'이라고
높이 부를 때 쓰는 존칭어"라고 했다
정치권에서는 "북한의 미사일 도발을
지켜만 보라는 것이냐"는 비판이 나왔고
무엇보다 이재명 대표의 "우리 북한"이란 말에 대해
더 큰 의미를 두는 분위기다
이 대표는 이날 회의에서 "우리 북한"이라고 발언했지만
더불어민주당이 나중에 공개한 회의 공식속기록에선
'우리'라는 표현이 삭제되었다

김 여사 디올백

김건희 여사의 명품 '디올백' 수수 논란에 대해
윤 대통령과 김 여사를 향한
사과 · 해명 요구가 1월 19일
국민의힘 내부에서 확산하고 있다
전날 한동훈 비상대책위원장이
"국민이 걱정할 만한 부분이 있다"고 물꼬를 트자
비상대책위원회와 인재영입위원회 등
당 기구와 초선 · 중진 · 대통령실 참모 출신 인사까지
동시다발적으로 목소리를 내기 시작한 것이다
여당 지도부 한 관계자는 '이번 기회에
김 여사 리스크를 확실히 해결해야 한다는
인식이 당에 확실히 자리를 잡았다"고 했다
김경율 비상대책위원은 이날도
"영부인의 지위와 역할 기대치가 있는 건데
그걸 무너뜨린 것"이라며 사과를 촉구했다

3개의 전쟁 위기

세계를 짓누르고 있는 '두 개의 전쟁'이 끝나기는커녕
'3개의 전쟁'으로 번질지도 모른다는 우려가 커지고 있다
이란과 파키스탄이 미사일 공격을 주고 받으면서다
이스라엘 · 하마스 전쟁으로 가자지구에서 불붙은
중동 불안이 홍해 · 호르므즈해협을 넘어
남아시아 일대까지 확산한 것이다
이란은 중동 최대 군사강국이고
파키스탄은 비공식 핵보유국이다
전선이 확대되면 충격파가 어디로 튈지
모른다는 것이다
더 큰 걱정은 확산하는 전운이 우리에게도
'강건너 불'이 아니라는 점이다
'미 · 중 대리전'으로 불리는 대만 총통 선거에서
반중 · 독립주의 후보가 당선되면서
양안(대만 · 중국) 갈등이 커지고 있다
대만에서 비상사태가 발생하면 주한미군이 차출되거나
중국의 혈맹인 북한이 한국과 미국을 견제하기 위해
도발할 수 있다

명품백 충돌

윤석열 대통령이 이관섭 비서실장을 통해
국민의힘 한동훈 비대위원장에게 사퇴를 요구했다
김건희 여사의 디올백 수수논란에 대한
한동훈 위원장의 대응에
불쾌감을 드러내 사퇴하라고 한 것이다
이에 한 위원장은 "국민 보고 나선 길"이라며
"할 일을 하겠다"는 공식 입장을 내고
사퇴를 거부했다
총선을 80일 앞두고 벌어진 대통령과
여당 대표 간 초유의 전면전에 여권이 대혼란에 빠졌다
장예찬 전 최고위원은 "김 여사는
사기 몰카 취재에 당한 피해자"라며
"왜 피해자에게 책임을 전가하고 피해자 보고
사과하라고 하는 것인가"라고 했다

유럽의 왕좌 지각변동

프랑스가 '유럽의 왕좌'를 놓고 기존
맹주인 독일을 위협하고 있다
에마뉘엘 마크롱 대통령 취임 이후
노동법 개정 등 친(親)시장주의 개혁을
공격적으로 추진한 결과라는 평가다
지난해 독일은 주 요20개국(G20) 중
최악의 경제성과를 냈다
① 과도한 중국 의존과
② 전기차 전환 실패
③ 탈(脫)원전 정책으로 인한 비용 급증 등이
　원인으로 꼽히고 있다
프랑스의 실업률은 지난해 41년 만에 최저치를 찍었고
외국인 직접투자는
2019년부터 4년 연속 유럽 1위를 차지했다
한국경제 신문 사설은
"독일이 '유럽의 성장 엔진'에서 병자로 전락하고
반면 원조환자로 취급받던 프랑스의 반전은
극적이다"라고 했다

300만 원짜리 디올백

김건희 여사의 디올백 수수 논란은 지난해
11월 유튜브 체널 '서울의소리'가
김 여사를 손목시계에 장치된 몰카로 찍은
영상을 공개하면서 불거졌다
이 영상엔 김 여사가 2022년 9월 서초동
아크로비스타의 코바나콘텐츠 사무실에서
방북 전력이 있는 재미교포 최재영 목사로부터
300만 원 상당의 디올 가방을 선물 받는
내용이 담겼는데 선물은
'서울의소리'측이 준비한 것으로 알려졌다
대통령실은 "치밀한 기획 아래 영부인을
불법 촬영한 초유의 사태"라고 했다

윤 대통령이 한동훈 위원장의 사퇴를 요구할 만큼
강경한 데는 '국민눈높이'를 강조하는 한 위원장과 달리
김 여사가 사과할 수 없다는 인식이 작용했다
또한 윤 대통령이 평소 가진 김 여사에 대한
인간적인 미안함도 깔려있다는 게 주변인들의 평가다
두 사람을 잘 아는 한 관계자는
"윤 대통령이 국가정보원 댓글 수사를 할 당시
심리적 압박과 불안 속에 김 여사가 유산을 경험했고

이후 자신의 정치 참여로 과도한 공격을 받았다는 게
윤 대통령의 인식"이라고 했다
김 여사는 앞서 반려견을 키우면서
유산의 아픔을 치유할 수 있었다고 회고한 적이 있다
또한 윤 대통령의 장모 최씨는 지난해
11월 통장 잔액증명서를 위조한 혐의로
징역 1년이 대법원에서 확정됐고
처남 김씨는 양평 공흥지구 개발특혜 의혹과 관련해
불구속 기소됐다
여권 관계자는 "구체적인 사실관계를 확인한 뒤
진솔하게 입장을 밝히는 건 몰라도
김 여사에게만 사과를 강요하는 것은 맞지 않다"며
"치밀하게 기획된 몰래 카메라 범죄에 대한
사과가 우선"이라고 했다

여당 공멸 위기

국민의힘 한동훈 비상대책위원장은 1월 22일
“제 임기는 총선 이후까지 이어지는 것으로 안다”며
대통령실의 사퇴요구를 일축했다
한 위원장은 김건희 여사의 디올백
수수 논란 대응 문제에 대해
“제 입장은 처음부터 한 번도 변한 적이 없다”고 밝혔다
윤 대통령도 “김 여사 관련 문제에 대해선
단 한치도 움직일 수 없다”는 생각인 것으로 알려졌다
2003년경부터 20여년 인연을 맺어온
윤 대통령과 한 위원장 간에 김 여사 문제를 둘러싸고
초유의 정면충돌 양상이 이어지면서
4월 총선을 79일 앞두고
‘공멸할 수 있다’는 위기감도 여권에서 커지고 있다

김경율의 거친 언행

국민의힘 김경율 비상대책위원은 1월 22일
“제 거친 언행이 여러모로 불편함을
드린 적이 있었다”고 밝혔다
최근 김건희 여사의 명품 ‘디올백’ 수수논란과 관련해
김 여사를 프랑스 왕비 마리 앙투아네트에
비유한 것에 대해 사과한 것이다
프랑스왕 루이16세의 왕비
마리 앙투아네트(1755-1793)는
사치 욕정의 화신으로 알려져 있다
프랑스 혁명정부는 재정낭비 · 정부부패 ·
반역행위 등 책임을 물어
앙투아네트를 단두대에 올려 처형했다
김경율 비대위원은 비대위 회의에서
“좀 더 정제된 모습을 보여드리도록
노력하겠다 지금까지처럼 오직 민심을 받드는 것
총선 승리하는 것에만 매진토록 하겠다”며
이같이 말했다

민주당엔 호재?

더불어민주당 지도부는 총선을 목전에 두고 터진
이번 여권 분열 사태를 호재(好材)로 받아들이는 분위기다
한 지도부 의원은
"김 여사에 대한 국민의 비호감도가 높기 때문에
총선을 앞두고 김 여사 이슈가 부각되는 건
여당에 마이너스"라고 말했다
그러나 한편에서는
오히려 당에 악재(惡材)가 될 수 있다는 우려도 나왔다
더불어민주당 한 관계자는
"한동훈 위원장이 윤 대통령과의 차별화에 성공하면
정권 심판론이 약화할 수 있다"고 우려했다
정청래 최고위원은 이날 최고회의에서
"윤석열 부부와 한 위원장의 '짜고 치는 고스톱' 같은
국민 속이기 차별화 전략일 가능성이 있다"고도 했다
개혁신당을 이끄는 이준석 대표는
유튜브 채널에서 전할 상황을
'약속대련-태권도의 미리 짜놓은 대결'에 빗대며
"윤 대통령이 싫은 소리를 하려면 전
화나 텔레그램을 하면 되지
굳이 이관섭 실장을 보내
'이렇게 하라 저렇게 하라'할 이유가 없다"고 했다

국정지지율이 추락하는 상황에서 총선 승리를 위해
한 위원장에게 힘을 실으려고 그림을 만들었다는 취지다
고민정 민주당 최고위원도
"한동훈표 정치공작이 아니길 바란다"고 말했다

윤석열 · 한동훈 충돌 봉합

윤석열 대통령이 1월 21일 이관섭 비서실장을 통해
한동훈 국민의힘 비상대책위원장 사퇴를 요구한 데서
시작된 윤석열 · 한동훈 충돌이 이틀 만에
봉합되는 양상이다
윤 대통령과 한 위원장은 23일
충남 서천시장 화재현장을 방문해 돌아올 때
대통령 전용열차에 함께 탔다
한 위원장은 "대통령에 대한 존중과
신뢰의 마음 변화가 없다"고 밝혔고
친윤계의 핵심 이철규 의원은
"대화에 오해가 있었다"고 말했다
하지만 김건희 여사가 명품가방 수수에 대해
사과해야 한다고 거듭 요구해
갈등의 도화선이 됐던 김경율 비대위원의 거취를 두고
양측의 입장차가 여전해
갈등이 재점화할 가능성을 배제할 수 없다
두 사람이 재난 현장에서 만난 것을 두고
"민생의 아픔을 정치쇼로 활용했다"는 비판도 나왔다

트럼프 공포

"외국 정부들이 겁을 먹고 있다"
영국 이코노미스트는
최근 동맹국들을 진정시키기 위해 막후 외교에 나선
미국 의원의 말을 이렇게 전했다
레이스 초반이지만 미국 공화당 대선후보 경선이
도널드 트럼프 대세론으로 굳어지면서
전 세계에 '트럼프 공포'가 커지고 있다
1월 15일 첫 경선지인 아이오와 코커스에서
압도적인 격차를 보인 데 이어
당시 2위인 론디샌티스 플로리다 주지사까지 사퇴했다
트럼프는 경선을 조기에 마무리하고
11월 대선에서 조 바이든을 물리치자고
기세를 올리고 있다
홀로 남은 니키 해일리 후보가 분투하고 있지만
6개주 · 지역의 경선이 열리는
3월 5일 '슈퍼화요일'까지 경쟁을 이어갈 수 있을지
의문이라는 것이다

프랑스 노숙인 골머리

노숙인 급증… 올림픽 앞두고 골머리…
프랑스는 노숙인이 많은 나라로 유명하다
주요 도시의 지하철역 주변은 물론이고
주택가 · 교회 앞에서도 노숙인을 쉽게 발견할 수 있다
올들어 갑자기 북유럽 · 러시아의 찬공기가 하강하며
기온이 떨어져 갑작스러운 기상 이변에 당국은
노숙인을 보호하기 위해 동부서주하고 있다
예기치 않은 혹한과 폭설로 얼어 죽는
노숙인이 상당수 발생했기 때문이다
주택부에 따르면 임시 숙소 등 건물에서 밤을 보내는
노숙인만 최소 20만 명으로 추산된다
최근 노숙인이 늘면서 노숙인의 사망이
사회문제로 대두되고 있다

배현진 의원도 피습

2024년 1월 25일 국민의힘 배현진 의원
(41세 · 서울송파을)이 서울 강남 신사동에서
중학교 2학년으로 알려진 15세 남성에게
15차례 무차별 습격을 받았다
마스크를 착용한 이 남성은
"국민의힘 배현진 의원이죠?"라고 두 차례 물은 뒤
배 의원이 "안녕하세요"라고 인사하자
갑자기 공격을 가했다
이를 발견한 시민들이 제지하면서 공격이 중단됐다
배 의원은 머리에 1cm 열상을 입은 채
서울 용산구 순천향병원 응급실로 이송된 뒤
상처를 봉합하는 수술을 했다
국민의힘 한동훈 비상대책위원장은
사건 직후 병원을 찾았다
여야는 이재명 대표 피습에 이어
배현진 의원까지 공격당하며
정치인 테러사건이 반복되자 강하게 성토했다

수도권 GTX 확대

수도권광역철도(GTX)를 강원도 춘천과
원주 충남 아산까지 연장하는 방안이 추진된다
정부는 1월 25일 경기도 의정부에서 열린
대통령 주재 여섯 번째 민생토론회에서
'교통분야 3대 혁신전략'을 발표했다
3대혁신 전략에 투입될 예산만
국비 · 지방비 · 민자 등 134조원에 달한다
우선 GTX 사업 중 최초로 A노선의
수서-동탄 구간이 3월 말 개통되고 이어서
운정(파주)-서울역 구간이 올해 하반기 운행을 시작하고
2028년에는 전 구간이 완전히 개통한다
또 송도 · 마석을 잇는 B노선은
재정사업구간(용산-상봉)을 연초에 착공하는 등
민자를포함한 전구간이 상반기 내에
공사를 시작할 예정이다
개통은 2030년이 목표다
덕정-수원을 연결하는 C노선도 연초 착공해
2028년 운행에 나설 계획이다

김정은 경제난 시인

1월 25일 김정은 북한 국무위원장이
“지방 인민들에게 기초식품 · 식료품 · 소비품을 비롯한
초보적인 생활필수품조차
원만히 공급하지 못하고 있다”며
“지금 전반적인 지방경제가 초보적인 조건도
갖추지 못한 매우 한심한 상태”라고 밝혔다
통일부 당국자는 “김 위원장이 말한
‘한심한 상태’의 근본 원인은 그동안
민생을 외면하고 무기 개발로
국제 제재와 고립을 자초했기 때문”이라며
“북한이 부족한 재원을 가지고
무기 개발과 지방 발전이라는
두 마리 토끼를 쫓고 있는 상황으로 보인다”고 평가했다
이날도 북한은 전날 미사일총국이 개발 중인
신형 전략순항미사일 ‘불화살-3-31’형을
시험 발사했다고 노동신문이 밝혔다

서울중앙지방법원 제2차 청원서

서울중앙지방법원 김정중 법원장님 귀하

사건명: ① 2023타경112661 부동산강제경매
(채권자 임용원 채무자 김제방)
② 인천가정법원 부천지원 2023드단105566
재판상 파양(원고 임용원 피고 김현수 외2명)

안녕하십니까? 저는 위 두 재판의 중심에 있는 90늙은이 김제방입니다.

저는 2023년 10월 10일 서울중앙지방법원에 청원서를 제출하기 직전인 10월 6일 서울중앙지방법원 2023타경112661 부동산 강제경매 3계 백지혜 법원주사보에게 서신(별첨1)을 보낸 일이 있습니다.

김정중 법원장님께 보낸 1차 청원서와 같은 내용이었습니다.

그런데 이 서신이 인천가정법원 부천지원 2023드단105566 재판상 파양 소송 준비서면(법무법인 세온 담당변호사 이혜원)에 갑제17,18호증으로 첨부되어 있습니다.

법원에 제출한 서신(정보)은 사건담당 변호사들과 공유하는 것인지, 아니면 정보가 유출된 것인지를 알고 싶습니다. 서신 내용이 공개되는 것까지는 모르겠으나 서신 '봉

투'까지 복사해서 공개하는 것은 좀 지나친 것 같습니다.

더욱이 백지혜 법원주사보에게 보낸, 제가 쓴 책 『법조계 악성카르텔』 책을 반송시킬만큼 몸조심하는 법원직원이라 생각했기에 더욱 그렇습니다.

공교롭게도 이혜원 변호사에게 보낸 『법조계 악성카르텔』 책도 '서신'과 함께 반송되어 왔습니다. 우연이라 하기엔 너무나 공포스러워서 드리는 말씀입니다.

나의 좁은 소견으로는 '법조계 악성카르텔'의 한 단면을 보는 듯하여 모골이 송연함을 느낍니다.

역사(歷史)를 통해서 알 수 있듯이 사회변혁(社會變革)은 사소한 일에서부터 시작해 사회혁명(社會革命)으로 비화하는 것이 일반적인 현상입니다. 사소한 일이라고 이를 가볍게 넘길 일이 아니라고 생각합니다. 면밀한 검토가 있으시길 바라는 심정으로 실례를 무릅쓰고 말씀드리오니 혜량하여 주시기 바랍니다. 미안합니다.

별첨: 1. 법무법인 세온 갑 제17, 18호증
2. 역사서사시 『재판인가 개판인가』

2024년 1월 26일

서울 서초구 방배로10길 10-11 000호(방배동 심화빌라)
김 제 방

양승태 사법농단 무죄

'사법농단' 의혹과 관련한 1심재판에서
양승태(76)전 대법원장에 무죄가 선고됐다
거의 5년이 걸린 재판에서다
서울중앙지법 형사합의35-1부(부장판사 이종민 ·
임정택 · 민소영)는 1월 26일
직권남용 권리행사방해 등 혐의로 기소된
양승태 전 대법원장에게 무죄를 선고했다
함께 기소된 박병대(67) · 고영한(69) 전 대법관에게도
무죄가 선고됐다
특히 양 전 대법원장은 각종 재판개입 ·
불랙리스트작성 · 헌법재판소견제 · 비자금조성 등
모두 47개 범죄혐의(직권남용 · 직무유기 ·
공무집행방해1공무상비밀누설 등)로
재판에 넘겨졌는데 1심재판부는
모두 죄가 되지 않는다고 판단했다
검찰이 2019년 2월 11일 서울중앙지법에
공소장을 접수하며 시작된 양 전 대법원장 등에 대한
재판은 1심 결과가 나오는 데만 무려 1,810일이 걸렸다

재판부에 경의표한다

양승태 전 대법원장은 1월 26일 무죄가 선고된 뒤
서울 서초동 서울중앙지법 동관 358호 중법정을 빠져나오며
"당연한 귀결이라고 봅니다 명쾌하게 판단 내려주신
재판부에 경의를 표합니다"라고 소회를 밝혔다
2019년 2월 11일 구속 기소 이후
약 5년 만에 마무리된 이 사건은
선고에만 4시간 27분이 걸렸다

사법농단사건의 결말은

'사법농단' 사건은 여러 대목에서 숱하게
'헌정사상 초유'란 기록을 세웠다
사건은 현재 더불어민주당 소속 의원인
이탄희 판사가 2017년 2월
법원행정처 기획조정실 심의관으로 발령받은 뒤
사직서를 제출하며 시작됐다
당시 인사를 앞두고 양승태 전 대법원장에
비판적인 성향을 보인
국제인권법연구회를 견제하라는 지시에
이 의원이 항의하자 발령이 번복됐다는 보도가 뒤따랐다
각급 법원 대표 판사들로 구성된 전국법관 대표회의가
사법부 최초로 소집돼 양 전 대법원장을 압박했다

2017년 9월 김명수 전 대법원장이 취임한 뒤 대법원은
조사 결과 법원행정처가 사법행정권을 광범위하게
남용한 정황이 드러났다고 밝혔다
상고법원 도입을 위해 청와대와 거래하려는 의도로
강제동원 손해배상 사건 등 각종
재판에 부당하게 관여하려 했다는 것이었다
사상 초유의 '사법거래'란 조사 결과에 여론이 들끓자
김명수 전 대법원장이 대국민 사과와 함께

검찰수사에 협조하겠다고 발표하면서
곧이어 검찰이 대법원을 수사하는
사상 초유의 일이 벌어졌다

검찰 수사는 2018년 서울중앙지검 특수부에 사
건을 재배당하는 것을 시작으로 전광석화처럼 진행됐다
윤석열 대통령이 당시 서울지검장으로 수사를 지휘했고
현 국민의힘 비상대책위원장인
한동훈 당시 서울중앙지검 3차장 검사가
수사팀장을 맡았다
검찰은 수사 개시 3개월 만에
임종헌 전 법원행정처 차장을 구속하고
박병대 전 법원행정처장 · 고영한 전 법원행정처장을
소환조사했다
2019년 1월 11일에는 전직 사법부 수장 최초로
양승태 전 대법원장이 검찰 소환조사를 받았고
추가 조사 끝에 1월 24일 구속됐다
사법부 수장이 피의자로 소완된 것
구속영장이 발부된 것
모두 헌정 사상 초유의 일이었다
사법농단의 핵심 쟁점은
직권남용 협의가 성립하는지였다
윤석열-한동훈 검찰의 수사 결과와
1심재판부의 판단은 명백하게 엇갈렸다

검찰 입장에서도 쉽게 받아들일 수 없는
결과인 만큼 유무죄에 대한 최종 판단은
결국 대법원에서 내려질 것으로 전망된다

제3장

한동운 효과

한동훈 잘한다

한국갤럽이 2024년 1월 26일 발표한 여론조사에서
한동훈 국민의힘 비상대책위원장의
역할 수행 지지도가 52%다
부정평가는 40%
반면 윤석열 대통령의 국정수행 지지도는
31% 부정평가는 63%
이재명 지지도는 35% 부정평가는 59%다
특히 국민의힘 지지자 사이에서
한동훈 위원장의 지지율이 89%에 달해
2012년 박근혜 당시 새누리당 비대위원장을
연상시킨다는 평가까지 나온다
당시 19대 총선에서 새누리당은 152석을 차지했다

이낙연·탈당3인 통합

더불어민주당을 탈당해 각자 창당을 준비해온
새로운미래-이낙연과
미래대연합-김종민·이원욱·조응천 의원이
1월 28일 통합을 선언했다
이들은 "기득권혁파·정치혁신·사회개혁·
미래전환에 나서라는 국민의 기대와
명령에 부응하기 위해 공동창당하기로
합의했다"고 밝혔다
통합정당의 이름을 '새로운미래'로 정한 이유에 대해
"정치개혁·사회개혁·민생개혁 등
개혁을 선도하고 미래로 나아가겠다는
의미를 담았다"고 했다
이준석 '개혁신당' 대표는 발끈했다
개혁신당과 이름이 비슷하다는 이유다

재판 불신시대

양승태 대법원장의 사법농단 혐의 47개가
모두 무죄로 선고된 뒤 국민의힘은
“문재인 정부의 무리한 사법부 장악에 대한
정당한 판결”이라고 했다
사법에 대한 신뢰는 민주사회가 유지되기 위한
최후의 보루다
우리 사회에는 실제로 재판 결과가 나와도
인정하지 않는 사태가 빚어지고 있다
‘재판 지연’ ‘대법원의 심리불속행기각’
‘판사의 정치성향 노출’은 국민의 사법 불신을 부채질했고
그러는 사이 사법부의 독립성과 신뢰성은 땅에 떨어졌다
참여연대 사법감시센터는 “이것이 과연
법과 양심에 기초한 판결이냐
무슨 범죄를 저질러도 법관은 무죄인
‘법관무죄’ 시대가 아니냐”며
“사법권 독립을 법원 내부에서부터 침탈해버린
사법농단의 작태를 방치하고도
국민들 앞에서 법과 정의를 말할 수 있느냐”고 성토했다

尹 · 한동훈 첫 오찬회담

윤석열 대통령과 한동훈 비대위원장이
1월 29일 용산 대통령실에서 2시간의
오찬과 37분의 차담을 함께했다
윤 대통령은 여야 민생정책에 대해
"정부와 당이 피드백을 주고받으면서
협력하자"는 취지로 발언했다고 한다
윤 대통령과 지난해 12월 28일 취임한
한동훈 위원장의 오찬은 이번이 처음으로
대통령실의 사퇴 요구 논란 파열음을 봉합하기 위해
1월 23일 충남 서천 화재 현장에서 만나
함께 상경한 후 6일 만의 회동으로
균열을 봉합하고 총선에서 협력하는 모습을 보이는 한편
'김건희 여사 리스크' '공천 파워 게임'
'김경율 비대위원 거취' 등을 놓고
정면충돌했던 윤 대통령과 한 위원장이
직접 만나 대화하는 모습으로
당정 갈등 논란을 불식시키려는 의도로
마련된 자리라는 해석이다

이태원특별법 거부권

윤석열 대통령이 '이태원참사특별법'에
대한 거부권을 행사했다
2022년 5월 취임한 윤 대통령의 거부권 행사는
5번째이며 법안 수로는 9번째다
대통령실은 "윤 대통령이 한덕수 국무총리 주재로 열린
국무회의에서 의결된
"이태원 참사특별법' 재의요구안을 재가 했다"고 밝혔다
한 총리는 "검경 수사 결과에 어떤 문제가 있는지
명백한 근거도 없이 추가 조사를 위한
별도의 특별조사위원회를 설치하는 게
과연 희생자와 유가족 우리 국민께
어떤 의미가 있는지 깊이 고민하지 않을 수 없다"며
"자칫 명분도 실익도 없이 국가 행정력과
재원을 소모하고 국민의 분열과
불신만 심화시킬 우려가 있다"고 말했다
유가족협회는 "윤 대통령 · 정부 관료 · 국민의힘 의원들은
무책임하고 어리석은 결정으로
역사에 남을 죄를 지었다"고 했다

선진국의 요건

세계은행 · 유엔 등 국제기구 기준을 살펴보면
선진국의 요건은 크게 4개로 나눌 수 있다
① 1인당국민소득
② 경제규모(GDP)
③ 보편적가치
④ 문화의 세계적 확산이다
세계은행은 국민소득이 2만 달러를 넘으면
일단 선진국으로 분류한다
1인당 국민소득 2만 달러를 넘는 나라가 40여 개국이다
중동의 카타르가 8만 달러로 세계 6위지만
누구도 카타르를 선진국이라고 말하지 않으며
다음으로 경제규모로 보면
미국 · 중국 · 독일 · 일본 등이 뒤따르고
우리 한국은 10위권에서 맴돌고 있다
중국은 13,000달러 밖에 안 된다 그래서
중국은 초강대국일지라도 선진국은 아니다
경제대국 · 군사대국이라고
다 선진국이되는 것은 아니다

세계 모든 나라가 존경하고 따르는
보편적 가치(global value)

즉 자유와 인권을 존중하는 민주주의와 법치에 바탕을 둔
투명한 선진제도를 갖춰야 한다
1인당 국민소득 9만 달러의 싱가포르가
우리나라보다 앞서지만
이 나라는 그냥 번영하는 도시국가(city-state)일 뿐이다
민주화를 하지 못한 싱가포르는
투명한 제도에서는 합격이지만
민주주의 항목에서 과락이다

과거 일본이 청일전쟁 · 러일전쟁에서 승리하고
떠오를 때 일본 문화가 세계로 확산되고
서구가 이에 열광하였다
많은 나라가 선진국의 4대요건 중
문화적 기준을 넘지 못하고 있다
경제발전이 문화적 발전으로 자동적으로
이어지지 않기 때문이다
그런데 지금 K-문화가 전 세계에 열풍을 일으키고 있다
이 같은 K-문화의 세계적 확산은
우리가 아주 예외적으로 산업화 · 민주화라는
두 마리 토끼를 함께 잡았기 때문이다
근대 세계사에서 최빈국의 절대 빈곤을 경험한 나라가
한 세대 만에 선진국이 된 나라는
'대한민국' 하나뿐이다
'한강의 기적'을 이룬 나라 대한민국이다

우리 모두가 선진국민으로서 자긍심을 가지고
선진시민 의식을 확립해야 한다
자만심은 나쁘다 하지만 품격 있는 자긍심은
제도의 투명성을 더욱 높이고
신뢰사회를 만드는 발판이 될 수 있다
4 · 10총선을 앞둔
우리 정치권이 갖춰야 할 덕목이기도 하다

거야의 끝모를 몽니

50인 미만 사업장의 중대재해처벌법 적용을
2년 유예하는 법률 개정안이 결국 불발했다
국민의힘은 더불어민주당이 유예선결 조건으로 내건
산업안전보건 업무 전담부서 신설을 받아들였지만
민주당이 타협안 수용을 끝내 거부했다
1월 27일부터 83만 영세 중소기업에도 확대 적용된
중대재해처벌법은 그대로 시행된다
거대 야당이 총선을 앞두고
노동계 등의 표심을 얻기 위해
민생을 저버렸다는 비판이 나온다
정권에 대한 지지율은 낮은데 그 여론이
야당에 대한 지지로는 연결되지 않는
기현상이 한국정치의 현실이 되고 있다

시아파 맹주 이란

중동에서 새로운 사태가 터질 때마다
우려되는 확전의 중심에는 이란이 있다
새로운 사태를 일으키는 주체가 주로
① 레바논의 헤즈볼라
② 시리아의 민병대
③ 이라크 이슬람 저항운동
④ 예멘의 후티 등 모두 친이란 시아파
이슬람주의 무장조직이기 때문이다

이들은 이란으로부터 군사 · 자금 지원을 받아
이란의 대리자로 불린다
지정학적으로 이란에서 이웃 이라크
그 주변의 시리아와 레바논 그리고
이란에서 뱃길로 연결되는 예멘을 중동의
'시아파 벨트'로 부른다
가지지구의 하마스는
이슬람 '수니파' 신자가 대부분이지만
반이스라엘 · 반미라는 이념을 바탕으로
이란과 실질적인 동맹관계다
이들 무장조직은 모두
이슬람 이념 · 원칙 · 규범으로 통치하는

정치 체제를 실현하고
율법으로 사회를 다스려야 한다는
이슬람주의를 바탕으로 한다

이란은 이런 시아파벨트의 맹주로서
동맹세력들을 규합해 반미·반이스라엘을 내세우면서
역대 1인자(페르시아)를 꿈꾸고 있다
하지만 상황은 만만찮다
중동 각국의 이해관계로 인해 한목소리를 내기 어렵고
무엇보다 이란이 보유한 군사·경제적 역량이
미국과 이스라엘을 상대하기에는
턱없이 부족하기 때문이다
따라서 중동에서의 확전 가능성은 크지 않고
1-4차 중동전쟁 때처럼 이집트·요르단·
시리아·사우디아라비아·모로코 등
아랍 국가들이 뭉쳐서 아랍민족주의에 따라
이스라엘을 공격하는 일은
현재 국제정치 상황에서 상상하기 힘들다
이집트는 1979년
요르단은 1994년에 이스라엘과 국교를 정상화했으며
모로코도 2020년에 이스라엘과 수교했다
사우디아라비아도 수교를 추진하다가
이스라엘·하마스 전쟁으로
잠시 멈칫하고 있을 뿐이다

이러함에도 불구하고 확전 우려가 그치지 않는 것은
1979년 이슬람혁명으로 탄생한 이란 때문이다
반미 · 반이스라엘의 핵심축이 이란이기 때문이다
하지만 이란이나 그 대리자가 현대식 군대를 보유한
이스라엘을 공격해 타격을 주기는 어렵다는 것이다

K푸드 - 한국 라면

시민음식의 대명사 새벽 야식의 최강자
자취생의 솔 푸드…
50년 넘게 한국인에게 사랑받은 라면이
해외로 빠르게 뻗어나가고 있다
최근 4년간 한국 라면 수출 규모는
두배로 뛰어 연간 수출은 2015년부터
9년 연속 최대 기록을 갈아치우며
10억 달러(1조3300억원)에 육박하고 있다
K팝 등 한류 인기와 더불어
코로나19로 바뀐 식문화가 시너지
효과를 낸 덕분이다
라면은 132개국에 수출되고 있다
수출액 기준으로 중국이 2억1,545만 달러
미국 1억2,659만 달러 · 네덜란드 6,067만 달러
일본 5,797만 달러 · 말레이시아 4,470만 달러
호주 3,567만 달러로
전 대륙에서 골고루 인기를 누리고 있다
한류 스타로는 '닭볶음면'이 대표적이다
삼양식품의 며느리가 개발한 것이다

미 전략폭격기 중동출격

미국이 이라크·시리아의 친이란 민병대를 공격한데 이어
이란 지원을 받는 예멘의 후티 반군을 공습했다
로이드 오스틴 미국 국방장관은
2월 3일 영국군과 함께 예멘 13개 지역에 있는
후티 반군의 무기저장고 등 26곳을 공격했다고 밝혔다
전날 시리아·이라크 내 이란혁명수비대 쿠드스군과
민병대의 7개 지역 85곳 이상의 목표물을 공습한 데 이어
연이틀 중동지역 반격에 나섰다
1월 28일 중동 주둔 미군이 사망하는
공격을 당한 데 대한 대응 작전이다
오스틴 장관은 "이것이 우리 대응의 시작"이라며
"미국이 지역에서 갈등을 추구하지 않지만
미국에 대한 공격은 용납하지 않을 것"라고 강조했다

김경율 불출마선언

윤석열 대통령과 한동훈 국민의힘
비상대책위원장 간 갈등의 단초가 됐던
김경율 비대위원이 2월 4일 총선
출마를 선언했다
윤 대통령과 한 위원장이 1월 29일
용산 대통령실에서 오찬회동을 한 지 6일 만이다
김경율 위원은 서울 마포을에 출마해
정청래 더불어민주당 의원과 대결하겠다고 밝혔지만
이 과정에서 한동훈 위원장의 사천(私薦) 논란이 일었다
또 김 위원이 김건희 여사의
명품 가방 수수논란을 공개적으로 지적하면서
대통령실의 불편한 기류가 수면 위로 드러나기도 했다
김 위원은"마포을을 포함한 4·10총선 승리를 위해
비상대책위원으로서의
역할을 충실히 수행하겠다"고 말했다

새로운미래 창당

더불어민주당 탈당파인 미래대연합과
새로운미래가 2월 4일 공동 창당했다
당명은 이낙연 전 대표가 주도한
'새로운미래'를 그대로 쓰기로 했다
이 과정에서 미래대연합의 이원욱 · 조응천 의원이
"흡수통합"이라고 반발하며 이탈했다
야당계열 제3지대 신당들이 '중텐트 '설치 과정부터
내부 분열로 허덕이고 있는 모양새다
공동대표는 이낙연 · 김종민이 맡는다

삼성 이재용 무죄

삼성그룹 경영권 불법승계 사건으로 재판에 넘겨진
이재용 삼성전자 회장이
2024년 2월 5일 1심(1심 재판만 106차례)에서
무죄를 선고받았다
검찰이 이 회장을 기소한 지
3년 5개월 만에 나온 1심 판결이다
서울중앙지법형사25-2(재판장 박성재)는 이날
'삼성 경영권 불법승계' 사건의 선고공판에서
이 회장의 19개 혐의에 대해 모두 무죄를 선고했다
함께 재판에 넘겨진 삼성 전현직 임원들도
전원 무죄를 선고받았다
검찰은 이 회장에 대해
징역 5년과 벌금 5억원을 구형했었다
검찰 수사심의위원회가"입증하기 어렵다"며
'불기소'처분을 권고했음에도 기소를 밀어붙인
검찰에 대한 비판여론이 거셀 전망이다

이재명의 퇴행정치

제22대 총선에서 4년 전 정치를 난장판으로 만든
꼼수 위성정당 난립을 다시 보게 됐다
이재명 더불어민주당 대표는 2월 5일
준연동형 비례대표제 유지와 야권을 아우르는
통합형 위성정당 추진을 공언
퇴행의 길을 선택한 것이다
이 대표의 위성정당 추진은 명분도 염치도
완전히 저버린 행태가 아닐 수 없다는 것이
한국경제신문 사설이다
위성정당 방지는 이재명 대표의 지난 대선 공약이었다
현행 준연동형 비례제는 전체 300석 중
지역구 의석수가 정당 득표율에 못 미칠 경우
모자란 의석수의 50%를 비례대표로 채워주는 방식이다
당시 반짝 나타났다 사라진 '떴다방'
정당 35개가 난립하면서
투표용지는 48cm나 됐다

박근혜 회고록 출간

『어둠을 지나 미래로』 박근혜 회고록
"재임 중 실수는 있었을지라도 대통령으로서
부끄러운 일은 하지 않았기에
떳떳하고 당당할 수 있었다
국민의 위로와 더불어 저를 견디게 하는
기둥 같은 힘이 있었다"
박 전 대통령이 2월 5일
재임기간 비화에 대해 입을 열었다
대구 인터불고 호텔 만촌 컨벤션홀은
박근혜 전 대통령을 보기 위해 몰려든
80여 명의 청중으로 가득찼다
윤석열 대통령과 한동훈 국민의힘 비상대책위원장은
화환을 보냈다
박 전 대통령은"저는 정치 일선을 떠났고
정치를 다시 하지는 않을 것"이라면서도
"국민으로부터 받은 사랑이 너무 크기 때문에
어떤 일이라도 해서 보답하겠다"고 말했다

원로배우 남궁 원 별세

원조 미남 배우 남궁 원(홍경일)이
2월 5일 별세했다 향년 90세
최근 수년간 폐암투병을 해온 그는
서울 송파구에 있는 서울아산병원에서
마지막 숨을 거두었다
1934년 양평에서 태어난 고인은
 한양대 화학공학과 재학 중
어머니 암 치료비를 마련하기 위해 영화계에 발을 들였다
1958년 영화 '그밤이 다시 오면'으로 데뷔한 이후
'독립협회와 이승만' '빨간 마후라 '장한몽' 등
345편의 영화에 출연했다
단연 주목받은 것은 고인의 출중한 외모로
180cm가 넘는 큰 키에 짙은 눈썹
날렵한 턱선을 지녀'한국의 그레고리 펙'이라 불렸으며
연기 인생만큼 자식 농사'도 관심을 받았다
홍정욱 국회의원을 비롯해 3남매를 모두
미국 아이비리그 대학에 보냈다

K방산 중동훈풍

한국이 자체 개발한 중거리 지대공 미사일인
천궁-II(M-SAM2)를 사우디에 수출하는
계약이 성사됐다고 2월 6일 국방부가 밝혔다
수출규모는 32억 달러(약 4조2,528억 원)다
한국은 2022년 UAE에의 천궁-II 수출에 이어
사우디와도 약4조원대 대형 방산
계약을 체결하게 됐다

JY 뉴삼성 시대

이재용 삼성전자 회장이 2월 6일
서울 김포비즈니스공항센터에서 전세기를 통해
UAE로 출국해 글로벌 경영행보를 재개했다
2월 5일 불법 경영권 승계혐의에 대해
무죄를 선고받은 지 하루만이다
이 회장은 중동국가를 둘러본 뒤 곧바로
말레이시아로 향해 동남아시아국가연합(ASEAN)
시장 전반을 점검할 예정이다
재계에서는 이번 출장이 이 회장이 사법리스크를
상당 부분 떨쳐낸 직후 나선 것인 만큼
인수합병(M&A) 같은 신사업 기회를 모색하고
글로벌 네트워크를 다지는 등
본격적으로 글로벌 경영에 나서는
신호탄이 될 것이라는 전망이다

윤 대통령 특별대담

윤석열 대통령이 2월 7일
김건희 여사의 명품백 수수 논란에
“매정하게 끊지 못한 것이 문제라면 문제고
좀 아쉽지 않나 생각된다”고 말했다
윤 대통령은 오후 10시부터 100분 간
방송된 KBS ‘특별대담 대통령실을 가다’에서
“대통령 부인이 박절하게 대하기가 참 어렵다”며
이같이 말했다
윤 대통령이 명품백 논란에 직접 입장을
밝힌 건 처음이다
윤 대통령은“시계에 몰카까지 달고 와서 이런 걸 했다
선거를 앞둔 시점에 1년이 지나서 터뜨리는 것 자체가
정치공작”이라고 말했다
“앞으로 이런 일이 발생 안 하게 더 분명하게
선을 그어서 처신하는 게 중요하다”고 했다
김 여사 선친과의 인연을 앞세운 의도적 접근과
불법 촬영공작임을 강조하면서도
향후 재발을 막겠다고 약속한 것이다
사회여론에도 문제가 있다
“왜 대통령부인이 명품백을 받았느냐”에
무게가 실려 이런 일이 왜 발생했느냐 하는

의문 같은 것은 뒷전이었다
이 의혹은 2023년 11월 한 유튜브 채널이
2022년 9월 김건희 여사가
재미동포 출신 최재영 목사에게 명
품 파우치를 받는 영상을 유튜브에 올리면서 불거졌다
이 과정에서 최 목사가 해당 영상을
손목시계에 달린 카메라로
몰래 촬영한 사실이 드러나면서
'몰카공작' 논란이 제기됐지만
화살은 최재영 목사 쪽으로 향하지 않았다

한동훈 관훈클럽토론

한동훈 국민의힘 비상대책위원장은
2월 7일 김건희 여사의 명품백 수수에 대해
"저열한 몰카공작"이라며
"친북적인 사람이 공격 의도로 했다는 것이
명백하다"고 말했다
윤 대통령과의 사이에 대해선 "생각이 다를 때
강요하지 않는다"며 "대통령과 당 대표로
서로 할 일을 한다"고 했다
한 위원장은"5년 내내
특별감찰관을 임명하지 않은 건 문제인 정부"라며
"민주당 시기 영부인에 대한 의혹이 훨씬 더 많았기
때문에 민주당이 이걸 지적하는 건 공감하지 않는다"고 했다
'검찰독재'라는 비판에 대해
"만약 검사독재라면 이재명 대표는
지금 감옥에 있을 것"이라며
"이 대표에게 안타까운 것은
공식· 비공식적으로 너무 거짓말을 많이 한다는 것"
"너무 자주(말을) 바꾸고
그걸 부끄러워하지 않는 점이 충격적"이라고 했다

조국 2심도 징역 2년

자녀의 입시 비리와 청와대 감찰반 감찰 무마 등으로
기소된 조국 전 법무부 장관이 항소심에서도
징역 2년의 실형을 선고받았고
다만 방어권 보장을 위해 법정구속하지는 않아
2023년 2월 1심에서 받은
형량 징역 2년 추징금 600만 원이
그대로 유지된다
2024년 2월 8일
서울고법형사13부(부장판사 김우수 · 김진하 · 이인수)는
"조국은 인정하거나 반성하는 태도를 보이지 않고 있고
무엇보다 범죄사실을 인정한다는
전례 없이 하는 유감 표명이 양형기준상의
'진지한 반성'이라고 평가하기 어렵다"며
1심 형량을 그대로 유지했다
조 전 장관은 즉시 상고할 의사를 밝히면서
"검찰개혁을 추진하다가 무수히 쓸리고 베었지만
그만두지 않고 검찰독재의 행태를 막겠다
어떠한 일도 마다하지 않겠다"며
사실상 총선 출마를 시사했다

설 민심잡기 총력전

설 연휴(2월9-12) 동안 전국은
크게 춥지 않을 전망이다
여당은 서울역에서…
국민의힘 한동훈 비상대책위원장이
8일 서울역에서 시민들에게 귀성인사를 하며
정책 홍보물을 전달하고 있다
서울역에선 국민의힘 텃밭인
대구 · 경북, 부산 · 울산을 관통하는
경부선이 출발한다
야당은 용산역에서…
더불어민주당 이재명 대표가 8일 용산역에서
귀성길에 나선 시민과 악수하며 배웅하고 있다
용산역은 민주당 텃밭인 광주 · 전남 · 여수 등
호남을 관통하는 호남선이 출발하는 곳이다

제4장

보수와 진보의 차이

대선패배 책임공방

친명 좌장으로 꼽히는 더불어민주당 정성호 의원은
2월 7일 “문재인 정부에서 핵심 역할을 했던 분은
책임을 져야 한다”고 말했다
4· 10총선 공천에서
임종석· 노영민 등 대통령비서실장 출신과
전해철· 박범계 등 친문핵심 장관 출신은
제외해야 한다는 취지의 발언이다
이재명 대표가 영입한 임혁백 공천관리 위원장도
2차례에 걸쳐 “윤석열 검찰정권 탄생에 기여한 분은
책임을 느껴야 한다”고 운을 뗀 바 있다
임종석 전 실장은 “대선 패배는 모두의 책임이었다”며
반박하고 있다
민주당은 2년전 대선 패배· 지방선거 패배 후
백서를 펴내지 못하고 있다
백서 발간은 패배의 원인을 진단하고
당 체질을 개선하기 위한 과정이지만
누구 책임인지를 놓고
내부 갈등만 벌이다가 흐지부지됐다
그러다 공천을 앞두고 서로 손가락질만 하고 있다
패배의 책임은 친문·친명 양쪽에 있음을
유권자들은 안다

정성호 의원은 부동산 실책 · 조국 사태 ·
엉뚱한 소득주도성장 정책 등 3가지를
대선 패배의 이유로 꼽았다
문재인 정부 인사들을 향해서는 윤석열 검사를 중용하고
대선주자급으로 만든 책임도 묻고 있다
지금 칼자루를 쥐고 있는 쪽에선 비명에 이어
친문까지 쳐내려는 기류가 존재한다
친문인사들은 공천권을 가진 이 대표를
대놓고 겨냥하지 않고 있을 뿐
속으로는 부글부글 끓고 있다
압도적 1당으로 21대 국회를 주도했던
민주당도 심판 대상이다
그런데도 반성 없는 계파싸움은
멈출 줄을 모른다고 하는 것이 동아일보 사설이다

임종석 - 분열은 필패

문재인 정부 청와대 출신 정치인들이
친명계 일각의 언급한 친문계 정치인 용퇴론에
2월 8일 일제히 반격했다
임혁백 더불어민주당 공천관리위원장이
윤석열 정부 탄생에 기여한
문재인 정부 인사들에게 용퇴를 요구하자
집단 반발한 것이다
임종석 전 대통령비서실장은 SNS에
“여기서 더 가면 친명이든 친문이든
당원과 국민들께 용서받지 못할 것”이라며
“지금부터는 단결은 필승이고 분열은 필패이다
치유와 통합의 큰 길을 가주기 바란다”고 밝혔다
청와대 대변인 출신 고민정 최고위원도
BBS라디오에서 당내 친문 용퇴론을 두고
“계파가 친명이든 비명이든 누가 됐든
경쟁력이 있는 사람들은
다 전진 배치해야 한다”고 말했다

4개 세력 빅텐트 출범

이준석 대표의 개혁신당
이낙연 대표의 새로운미래
금태섭 대표의 새로운선택
더불어민주당 탈당파 원칙과상식 등
제3지대 4개 정치세력은
설 연휴 첫날인 2월 9일 국회에서
기자회견을 열고 합당을 전격 선언했다
이름은 '개혁신당'으로 하고
이준석 · 이낙연 대표가 공동대표를
최고위원은 양향자 · 김종민 · 금태섭 ·
조응천 의원이 맡기로 했다
개혁신당은 2월 13일 국회에서
첫 최고회의를 열기로 했으나
각 세력 지지자들은 환호보다는
반발 목소리를 높이고 있다
특히 이준석 대표의 옛 개혁신당 당원의
반발이 거세다

문재인 만난 조국

조국 전 법무부장관이 2월 12일
노무현 전 대통령 묘역을 찾아 참배하고
문재인 전 대통령을 예방했다
설연휴 마지막 날 본격 정치행보에 돌입한 모습이다
조 전 장관은 신당 창당을 선언할 것으로
예상되는 가운데
총선 출마는 고민 중인 것으로 전해졌다
조 전 장관은 경남 양산마을을 찾아
문 전 대통령을 만나
“이번 총선에서 무도한 윤석열 검찰독재를 심판하는데
미력이나마 힘을 보태겠다”며
“다른 방법이 없다면 신당 창당을 통해서라도
윤석열 정권 심판과 총선 승리에 헌신하겠다”고 말했다
더불어민주당 내부 반응은 차갑다
정치활동은 자유지만
민주당과 함께하는 건 부담스럽다는 반응이다

건국전쟁 본 한동훈

한동훈 국민의힘 비대위원장이
설연휴 마지막 날인 2월 12일
이승만 대통령의 생애와 정치 역정을 조명한
다큐멘터리 영화 '건국전쟁'을 관람했다
한 위원장은 영화를 관람한 후 기자들과 만나
"이 대통령은 대한민국이 여기까지 오게 된
중요한 결정을 적시에 제대로 하신 분이라고 생각한다"며
"한미상호방위조약을 맺은 것
그리고 제가 굉장히 감명 깊게 생각하는
농지개혁을 해낸 것 이 두 가지가 없었다면
대한민국이 지금과 많이 달랐을 것"이라고 소감을 전했다
"그분의 모든 것이 미화돼야 한다고
생각하는 것은 전혀 아니다
하지만 굉장히 중요한 시대적 결단이 있었고
그 결단에 대해 충분히 곱씹어봐야 한다"고 했다
한 위원장이 법무부장관 시절 이승만 대통령의
농지개혁과 관련해 강연하는 장면도
영화에 삽입했다고 한다

백현동 개발 징역 5년

'백현동 개발 비리의혹'의 핵심 로비스트로 지목된
김인섭 전 한국하우징 기술대표(70)가
1심에서 징역 5년과 63억5,700여만 원 추징을 선고했다
이재명 더불어민주당 대표도 기소된
백현동사건의 첫판결이다
2월 13일 서울중앙지방법원 형사합의 27부는
특정범죄 가중처벌법상 알선수재 혐의로 기소된
김 전 대표에게 이같이 선고하고
'도주할 우려가 인정된다며
보석을 취소하고 법정구속했다
이재명 대표 역시 이 사건과 관련해
지난해 10월 특정경제가중처벌법상 배임 혐의로
불구속 기소돼 재판을 받고 있다

조국 창당 선언

조국 전 법무부장관이 2월 13일
부산 중국 부산민주공원에서
"무능한 검찰독재정권 종식을 위해
맨 앞에서 싸우겠다"며 신당창당을 선언했다
조 전 장관은 검찰독재정권 종식을 명분으로 언급했지만
오히려 걸림돌이 될 것이란 우려가 야권에서 나온다
문재인 정부 심판론을 상기시킬 수 있고
사법 불복으로 비칠 수 있다는 비판도 제기된다
조 전 장관은 초저출생· 고령화·저성장과
양극화· 한반도평화 위협 등을 나열한 뒤
"윤석열 정부는 어디서 무엇을 하고 있느냐"며
"답답하다 못해 숨이 막힌다"고 비판했다

덕담인가 경종인가

나라가 어렵다고 한다
수출이 세계 몇 위라는 소식은
시장바구니 아주머니들에게 아무런 감동도 없다
"현대사에서 서민이 살기 좋기로는
전두환 대통령 재임 시대만한
때가 없었다"는 이야기가 있다
덕담인지 경종인지 가늠하기 어렵다
조선 제7대왕 세조 때
성삼문 등 역적(逆賊) 사육신(死六臣)은
235년 후인 제19대 숙종 때 충신(忠臣) 반열에 올랐다
이승만 대통령을 재조명한 김덕영 감독의
'건국전쟁'이 다큐멘터리로는 이례적으로
관객 30만명을 넘기며 흥행가도를 달리고 있다

이효리의 졸업 축사

가수 이효리가 2월 14일
서울 성북구 국민대 콘서트홀에서 열린
'2023년학년도 학위수여식'에 참석해
"누구에게 기대고 위안 받으려 하지 말라
그냥 '인생은 독고다이'라고 생각하라"고 축사를 하면서
"그러다 보면 정말 소중한 인연을 잠깐씩 만날 때가 있다
그럼 위안 받고 또 미련 없이 자기 살길을 가면 된다"고
후배들을 응원했다
이효리가 강조한 '독고다이'는
특공대(特攻隊)의 일본어 발음이지만
국내에선 '혼자서 결정하고 실행하는 사람'을 뜻하는
은어로 쓰인다
그는 "여러분을 누구보다 아끼고 올바른 길로 인도하는 건
누구도 아닌 여러분 자신'이라며"
나보다 뭔가 나아 보이는 누군가가
멋진 말로 깨달음을 주길
그래서 내 삶이 조금은 더 수월해지길 바라는
마음 자체를 버리라"고 강조했다

김혜경 선거법위반 기소

2024년 2월 14일
수원지검 공공수사부(부장 김동희) 검찰이
이재명 민주당 대표의 배우자 김혜경 씨를
'경기도 법인카드 유용의혹'과 관련해
공직선거법 위반 혐의로 불구속 기소했다
먼저 재판에 넘겨진 전
경기도청 5급 별정직 공무원 배모 씨는
이날 2심에서도 원심과 같은
징역 10월에 집행유예 2년을 선고받았다

김만배 징역 2년 6개월

2024년 2얼 14일 수원지법 형사11부(부장판사 신진우)는
화천대유 대주주 김만배 씨에 대해
최윤길 당시 성남시의회 의장에게 뇌물을 준 혐의로
징역 2년 6개월을 선고했다
대장동 개발과 관련해 김씨의
성남시와 시의회 상대로 로비 행적을 인정한
법원판결은 이번이 처음이다
김만배씨가 대장동 사건 관련으로 기소된
사건은 모두 7건이다
김만배 씨는 이날 판결로 대장동 개발사업 관련
첫 유죄판결을 받은 것이다

유동규 계양을 출마 선언

유동규 전 성남도시개발공사 기획본부장이
2월 14일 자유통일당에 입당해
인천 계양을 출마를 선언했다
이재명 더불어민주당 대표의 지역구에 출마해
이 대표를 저격하겠다는 취지다
자유통일당은 전광훈 사랑제일교회 목사가
주축인 보수정당이다
유 전 본부장은 “껍데기 밖에 안 남은 이 대표가
여러분이 주신 표로 방탄조끼를 만들어 입는 꼴을
더 이상 못 보겠기에 나왔다”고 밝혔다
자유통일당에 입당한 배경에 대해선
“우리가 마주한 위기는 이 대표라는 존재로 대표되는
종북 좌파 세력의 패악에서 비롯된 것”이라며
“대한민국을 지키기 위한 최후의 보루는
자유통일당이라고 생각한다”고 덧붙였다
유 전 본부장은 ‘대장동개발 특혜의혹을 둘러싼
핵심 관계자 중 한 사람이다

독일 · 덴마크 순방 연기

윤석열 대통령이 다음 주로 예정된
독일 · 덴마크 순방 계획을
출국 4일 전인 2월 14일 전격 연기했다
취임 후 16차례 해외순방에 나섰던
윤 대통령이 독일 국빈방문이 포함된
주요국 정상 외교 일정을 출국 나흘 전에
순연한 것은 처음이다
대통령실 고위 관계자는
"순방은 정무적 결단에 따른 것"이라며
"국제적 · 국내적 상황을 종합적으로 고려해
윤 대통령이 순방 연기를 결정했다"고 말했다

위기의 법원(法院)

로펌 손 들어준 판사 퇴직 후
73% 그 대형 로펌에 취업한다
고등법원 판사가 퇴직 직후
대형 로펌으로 이직하는 사례가 늘면서
이해충돌 문제가 커지고 있다
2021년 고등법원 부장판사제도가 없어진 뒤
고법 판사의'몸값'이 치솟았지만
취업제한은 받지 않는 자유로운 몸이기 때문이다
통상 퇴직을 희망하는 고법판사들은
매년 2월 정기인사 수개월 전부터
직접 대형로펌 문을 두드리며
입사조건을 협상한다
중앙일보 2월 16일 1면기사
'고법판사 엑소더스 위기의 법원' 글이다

박근혜 회고록

박근혜 전 대통령 회고록
『어둠을 지난 미래로』가 주요
대형 서점의 분야별 베스트셀러 1위에 올랐다
총 2권으로 출간된 이 회고록은
교보문고의 정치사회
예스24의 사회정치
알라딘의 사회과학 등 각 서점의
해당분야 베스트셀러 집계에서 모두 1위를 차지했다
이번 회고록은 18대 대선이 열린
2012년부터 박근혜 대통령이 2022년 3월
대구 달성의 사저로 내려오기까지 10년의 삶을 담았다

한·쿠바 극비 수교

'007 작전'같았던 한·쿠바 수교협상
"수교합시다"
경제·체제 불안 북한의 '형제국' 쿠바가
몰래 남한과 손잡았다
2024년 2월 5일 미국 뉴욕의
주UN 한국대표부 황준국 대사에게 전화가 왔다
발신자는 주UN 쿠바대표부의 차석대사다
"한국과 의미 있는 교류를 원한다"며
양국 주UN 대표부가 외교 공한을 교환하자는
구체적인 수교방식까지 제안했다
지난해 집중적으로 우리 측의 수교 의사를 전했지만
'형제국가' 북한을 의식한 듯
"다른 고려 사항이 있다"며 거절하던 쿠바였기에
갑작스러운 전화에 우리 당국은 깜짝 놀랐다고 한다

정부는 지난해 박진 외교부 장관이 5월
과테말라에서 쿠바 외교차관을
9월엔 유엔총회에서 쿠바 외교장관 등
쿠바 측 고위 인사를 비공개로 3차례 만나는 등
집중적으로 수교를 설득해왔다
쿠바 당국은 비밀리에 이뤄진 수교협상 과정에서

우리 정부에 여러 차례 강하게
“외부에 절대 알리면 안 된다”며
로키(low-key) 접촉을 요구했다고 한다
“한국에서 관련 기사가 나가면
책임을 묻겠다는 식으로까지 압박했다”며
“이 때문에 뉴욕 접촉 과정에서
보안 유지에 힘을 쏟아 유엔 한국대표부 안에서도
극소수만 수교협상 내용을 공유했다”고 한다
정부는 쿠바가 64년간 긴밀한 관계를 이어온
북한의 반발과 방해 공작을
우려했기 때문인 것으로 보고 있다
정부는 미국 측에도 수교 당일인 2월 14일
이 사실을 전했다고 한다

북한과 형제 국가로 통하는 쿠바가
북한의 거센 반발이 예상됨에도
전격적으로 한국에 손을 내민 건
심각한 경제난이 결정적인 요인인 것으로 풀이된다
혁명의 주역인 카스트로 형제의 통치가
2018년 공식적으로 막을 내리고
미겔 디아스카넬 대통령이 권력의 중심에 섰지만
쿠바의 경제난은 여전했다
정부 당국자는
“국내적으론 경제난 타개책이 보이지 않자

외부로 눈을 돌려 한국이 눈에 들어온 것"이라며
"지난해 만난 쿠바 당국자가
우리 자동차 중공업 산업에 대해
잘 알고 있어 놀랐다"고 했다
정부 소식통은 쿠바가
금년 11월 미국 대통령 선거에서
도널드 트럼프가 재집권할 경우
미국의 제재 수위가 높아질 가능성을 염두에 두고
경제협력이 가능한 한국과 수교를 결정한 것으로 봤다

쿠바는 한국의 193번째 수교국이다
중남미 국가 중 유일한 미수교국이었던
쿠바와 수교함으로써
한국의 외교 지평이 확대될 것으로 기대된다
공산주의 국가인 쿠바는 북한의 '형제국'으로 불리며
끈끈한 연대를 과시해왔다
한국과 수교하지 않고 북한과 단독 수교한 국가는
기존 3곳에서 팔레스타인 · 시리아 2곳으로 줄었다
대통령실 고위관계자의 말을 인용해
"북한으로서는 상당한 정치적 · 심리적 타격이
불가피할 것으로 보인다"고 했다
쿠바에는 한반도를 뿌리로 생각하는 한국인들이
1,100명가량 살고 있다
많은 쿠바 젊은이들이 한국 가요와 드라마를 좋아하며

유학 · 취업 차 한국을 오가는 사람들도 늘고 있다

미국 제재하에서 개혁 · 개방을 시도하는 쿠바로서는

한국이 필요한 협력 대상이다

한국도 외교적 지지 · 투자 기회 등 측면에서

쿠바로부터 얻을 것이 있다"고 했다

의료대란(醫療大亂)

대형병원 전공의들이 2월 16일
의대 정원 확대방침에 반발해
집단 사직과 진료 중단을 예고한 가운데
신촌세브란스병원이 다음주 수술의 절반 이상을
취소하기로 하는 등
수술 일정의 연기 · 축소가 잇따르면서
'의료대란'에 대한 우려가 커지고 있다
대한전공의협의회는 이른바 '빅5' 병원
전공의 대표들과 논의한 결과 19일까지
전공의들이 전원 사직서를 제출하고
20일 오전 6시부터는 근무를 중단하기로 했다고 밝혔다
'빅5'는 서울대 · 세브란스 · 삼성서울 ·
서울아산 · 서울성모병원 등이다
2월 16일 한국갤럽이 발표한 의대증원
여론조사 결과 찬성 76% 부정 16%라고 했다

충북동지회 징역 12년

북한의 지령을 받아 F-35A 스텔스기 도입 반대 등
이적행위를 한 혐의로 기소된
'자주통일충북동지회'조직원 3명에게
징역 12년이 선고됐다
충북지법 제11형사사부(재판장 김승주)는
2월 16일 국가보안법 등 위반 혐의로
충북동지회 고문 박모(60) 위원장 손모(50)
연락담당 윤모(57)에게
각각 징역 12년을 선고하고 법정 구속했다
2021년 9월 기소된 지 883일 만이다
재판부는"피고인들은 충북동지회를 구성한 뒤
북한으로부터 지령을 받고 행동하고
이를 북한에 보고했으며
공작금 2만 달러도 받았다"고 판시했다
이들은 2017년 이후 충북 지역에서
F-35A 스텔스기 도입 반대 시위를 벌이고
진보정당 등 주요 인사 포섭과
동향 파악 활동을 벌인 혐의를 받았다

보수와 진보의 차이

2024년 제22대 4 · 10총선 전쟁이 시작됐다
보수 쪽의 김무성 · 유승민
진보 쪽으로 조국 · 송영길
이들 행보가 대조적이다
▶ 자숙하느냐
▶ 고개를 반짝 쳐드느냐
그 차이는 엄청날 수 있다

개혁신당의 내홍

제3지대 4개 세력이 합당해 만들어진 개혁신당이
1주일 만에 내홍을 겪고 있다
기존 이낙연· 이준석 대표 지지층의
합당에 대한 반발이 이어지는 가운데
공천관관리위원회 구성을 둘러싸고 이견이 이어지면서
2월 16일 예정됐던 당 최고위원회의가 전격 취소됐다
이준석 대표 지지자들이
전국장애인차별 철폐연대(전장연) 시위를 옹호해온
배복주 전 정의당 부대표 입당에 크게 반발하는 등
내홍이 커지자
이준석 공동대표가 취소를 제안했다
이준석 대표 등이
사실상 김종인 전 국민의힘 비상대책위원장을
공관위원장 후보로 밀고 있는 가운데
당 일각에서 "김 전 위원장은 제3지대가 지향하는
새로움이 전혀 없는 인물"이라는 반발이 나오면서다

나발리 시신 행방불명

2월 16일 옥중에서 갑작스레 숨진
러시아 반정부 운동가 나발리(48) 시신의 행방이
묘연한 것으로 알려졌다
서방에선 푸틴 러시아 대통령의
암살지시 의혹이 커지고 있다
18일 외신 등에 따르면
나발리 측근들은 그가 살해됐으며
러시아 당국이 흔적을 숨기기 위해
의도적으로 시신을 넘겨주지 않는다고 주장했다
나발리의 모친이 아들이 숨진
교도소 인근 마을 살레하르트의 영안실을 방문했지만
시신을 찾지 못했다고 측근들이 전했다
러시아 상트페테르부르크 등 16일
전국 30개도시 나발리 추도식에서 경찰은
추도객 400여 명을 구금했다
나발리의 죽음은 미국과 러시아 간
긴장감을 높이고 있다

김철식 변호사 귀하

다수의 법무사사무소에서 안내장이 옵니다
2023년 12월 14일 발송한
서신의 답변을 기다리고 있습니다
2월 29일부터 강제경매 절차가
개시된다고 합니다

2024년 2월 19일

김 제 방

제5장

법조계에 경종을

전공의 집단사직

정부의 의과대학 정원 확대 추진에 반대하는
전공의(인턴 · 레지던트)들의 집단 사직서 제출이
서울 빅5를 넘어 전국으로 확산되고 있다
2024년 2월 19일 세브란스병원 등에서는
출근거부도 본격화해 의료 공백 발생 우려도
현실화하고 있다
정부는 전공의들에게
진료유지명령을 내려 원칙을 강조했고
경찰청장은 주동자에 대한 구속수사를 검토하겠다며
엄정 수사 방침을 밝혔다

민주당의 밀실 공천

2월 19일 더불어민주당 이재명 대표가
당 공식 회의체가 아닌 일부 친명계로 구성된
비공개 지도부 회의체에서
현역 의원 컷오프(공천배제) 등을 논의한
사실이 알려지면서 당내 사천논란이 거세지고 있다
특히 임혁백 공관위원장이
당내 현역의원 평가 하위 20% 대상자에게
직접 통보를 시작한 가운데
국회부의장 김영주(4선 · 영등포갑) 의원이
"나에 대한 하위 20%선 통보는
민주당이 이재명 대표의 사당으로 전락했다고 볼 수 있는
적나라하고 상징적인 사례"라며 탈당을 선언했다
김영주 부의장은 정세균계다
김 부의장의 탈당선언을 시작으로
하위 20%에 불복하는 의원들의
향후 거취에도 관심이 쏠린다

개혁신당의 내홍

제3지대 5개 세력이 뭉친 개혁신당이
합당 선언 10일 만에 총선 주도권 싸움을 벌이며
내홍이 격화되고 있다
이낙연 공동 대표는 2024년 2월 19일
중앙선거관리위원회에 기존에 사용한 당명인
'새로운미래'로 당을 등록했다
이낙연 공동대표는 20일 오전 기자회견을 열고
"무리한 통합 추진에 대해 사과한다"는
입장을 밝힐 것으로 알려졌다

부동산 강제경매 통보

2024년 2월 20일 서울중앙지방법원의
부동산 강제경매(2023타경112661) 통보를 접수했다
매각 물건:

1회	1,800,000,000원	매각일	2024. 2. 29.
2회	1,440,000,000원		2024. 4. 9.
3회	1,152,000,000원		2024. 5. 16.
4회	921,600,000원		2024. 6. 20.

2024. 2. 8.

법원주사보 오승희

무너진 제3지대

2024년 2월 20일 이낙연 개혁신당 공동대표가
이준석 공동대표와의 합당을 철회하고
자신이 만들었던 '새로운미래'로 돌아가겠다고 선언했다
이로써 제3지대 빅텐트는 11일 만에 무너졌으며
이낙연 공동대표는 기자회견을 열고
"부실한 통합 결정이 부끄러운 결말을 낳았다"며
"통합주체들의 합의가 부서지고
민주주의 정신이 훼손되면서
저희는 통합 합의 이전으로 돌아갈 수밖에 없게 됐다"고
머리를 숙였다
그러면서 "다시 '새로운미래'로 돌아가
당을 재정비하고 선거체제를 신속히 갖추겠다"며
"정권견제도 정권교체도 어려워진 민주당을 대신하는
'진짜 민주당'을 세우겠다"고 말했다

이준석 공동대표도 기자회견을 열고
"합당 이후 이견을 조율하는 과정에서
최종적으로 합당을 완수하지 못한 것에 대해
진심으로 사과의 말씀을 드린다"며
"제가 감당할 수 없는 일을 관리할 수 있다고
과신했던 것은 아닌지

지나친 자기 확신에 오만했던 건 아닌지
가장 소중한 분의 마음을 함부로 재단했던 것은 아닌지
겸허하게 성찰하겠다"고 말했다

전공의 6,415명 사직서

의과대학 증원에 반대하는
전공의들의 집단행동이 본격화하면서
전국 수련병원 전공의(인턴 · 레지던트) 6,415명이
무더기로 사직서를 제출하고 이들 중
상당수가 병원에 출근하지 않았다
정부는 "2,000명은 최소한의 증원규모"라며 맞서고 있다
환자들의 피해가 속출하면서 의료 현장의
혼란이 심화되고 있다
"1분 1초가 급한데 기약없이 기다려…"
"환자도 보호자도 망연자실…"
윤석열 대통령은 20일"의대 2,000명 증원은
더 이상 늦출 수 없는 시대적 과제"라며
의료개혁을 절대 흔들림 없이 추진하겠다"고 밝혔다

서울탱고 방실이 별세

가수 방실이(방영순) 뇌경색 투병으로
61세를 일기로 2월 20일 세상을 떠났다
인천 강화의 요양병원에서…
고인은 2007년 뇌경색으로 쓰러진 뒤
17년간 투병생활을 해왔다
1980년대 미8군 부대에서 활동을 시작
1985년 박진숙 · 양정희와
여성 3인조 서울시스터스를 결성했다
고인은 시원한 가창력으로
'첫차' '뱃고동' '청춘열차' 등을 히트시켰고
1990년 서울시스터스가 해체된 뒤엔
솔로 가수로 전향해 '서울탱고'
'여자의 마음' 등으로 인기를 이어갔다
서울탱고 가사처럼
"덧없이 왔다가 떠나는 인생은 구름 같은 것…
세상살이 온갖 시름 모두 다 잊으시구려…"
서울텡고를 부른 방실이 이렇게 떠났다

그린벨트 푼다

2024년 2월 21일 윤석열 대통령은
“그린벨트의 획일적 해제 기준을
20년 만에 전면 개편하겠다”고 밝혔다
그린벨트에서 해제한 지역에 미래산업단지를
유치해 지역 발전을 이끌겠다는 취지다
수도권에서 벗어난
비수도권 그린벨트 구역(개발제한구역)이
20년 만에 대대적으로 해제되는 것이다
부산· 울산· 창원· 대구· 광주· 대전 등
6개 지방대도시 주변 그린벨트
2,428km²(여의도 면적 837배)가 규제 완화 대상이다
2001-2003년 춘천· 청주· 전주· 여수·
제주· 진주· 통영권 7개 중소도시
그린벨트가 해제된 이후 20년 만이다
그린벨트에 대해 윤 대통령은
“그동안 질서 있고 효율적인 개발을 끌어내는데
나름의 중요한 역할을 해왔다”며
“그러나 산업과 도시가 비약적으로 성장하면서
50년 전과는 상황이 많이 바뀌었다”고 설명했다
무분별한 도시 확산을 방지하고
자연환경을 보존하는 취지로

1971년 박정희 대통령이
선각자(先覺者)적 안목으로 도입한 제도다
윤석열 대통령은 연초에
박정희 대통령을 선각자로 언급한 일이 있으며
"지방소멸 현상을 막기 위해
유연하게 운영하겠다"고 했다

비명횡사 반발확산

비명횡사(비명계 잇단 공천배제) 반발 확산…
벼랑끝 몰린 이재명의 리더십…
"하위 20% 모두 비명계"
4·10총선을 40여 일 앞둔 상황에서
'이재명호'가 불공정 공천 논란으로
거센 당내 반발에 직면했다
밀실 회의와 비선 논란 그리고 정체불명 여론조사 등
노골적인 비명 쳐내기와 친명 밀어주기로
당 전체가 소용돌이치고 있다
문재인 정부에서 국무총리를 지낸
정세균·김부겸 전 총리는 2월 21일 입장문을 내고
"시스템공천·민주적 원칙과 객관성이 훼손되고 있다는
우려를 금할 수 없다"고 밝힌 것이다
그동안 이낙연 전 대표의 탈당에도
침묵했던 이들 전직 총리가 '공천파동'에
"이재명 대표가 상황을 바로 잡아야한다"고 촉구했다

성토장된 민주당 의총

더불어민주당의 '이재명표 혁신공천'에 대해
'비명계 학살· 불공정 공천'이란
당내 반발이 거세지고 있다
2월 21일 열린 민주당 의원총회에서는
비명계 의원들의 성토가 이어졌고
김부겸· 정세균 전 국무총리 등 원로들은
이 대표의'사천논란'에 공개적으로 우려를 표했다
"모든 원망은 제게 돌려라"고 말한
이 대표는 의원총회에 참석하지 않았다
이날 2시간가량 진행된 의원총에서는
15명의 의원이 발언했다
김상희· 홍영표· 노웅래· 이인영· 전해철·
전혜숙· 송갑석· 송기헌· 윤건영· 권인숙·
이수진· 오영환· 윤영찬 의원 등 모두 비명계였고
친문계 좌장인 홍영표 의원은 의총을 마친 뒤
기자들과 만나 "이재명 대표 사당화를 위한
공천이 이뤄져서는 안 된다"고 했다

김철식 변호사 답변

2024년 2월 22일 김철식 변호사와 통화한 결과
강제경매를 저지할 방법이 없다고 했다
한마디로 '속수무책'이라는 것이다
그러면 그동안
① 서울중앙지방법원 청원서(2회)
② 서울고등법원 청원서
③ 대법원 청원서(2회)
④ 헌법재판소 탄원서
법원 답변서에서 변호사 · 법무사를 통해서
해결할 수 있다고 했고
법무사 사무실 등에서는 안내장이 왔다
이렇게 허탈할 수가 없다
또 한편으로 내가 기대했던 것은 김철식 변호사와
상대방 변호사의 중재였는데
전화도 거절당했다는 것이다

원전 재도약

정부는 2월 22일 창원 경남도청에서
'다시 뛰는 원전산업 활력 넘치는
창원 · 경남'이라는 주제로 민생토론회를 열고
원전산업 발전 방안을 발표했다
정부가 4세대 원자력발전소와 소형 모듈원전(SMR) 등
차세대 원전기술 영구개발에 5년간 4조 원을 투자한다
윤석열 대통령은“정부는 원전산업 정상화를 넘어
올해를 원전 재도약의 원년으로 만들기 위하여
전폭 지원을 펼칠 것”이라며
“원전산업이 계속 발전할 수 있도록
원전산업 지원 특별법을 제정해
합리적인 탄소중립을 달성하기 위해
2050년 중장기 원전 로드맵을
올해 중으로 수립하겠다”고 밝혔다
윤 대통령은 원전산업과 관련해
문재인 정부의 탈원전 정책을 강한 어조로 비판하면서
이승만 · 박정희 대통령의 공적도 언급했다
“이승만 대통령은 한미원자력협정을 체결하고
원자력원과 원자력연구소를 설립했다”며
“대단한 혜안이 아닐 수 없다”고 평가했다
이어 “박정희 대통령은 1969년 최초의

원자력 장기계획을 수립해
우리 원전산업을 일으켰다"며
"이로써 우리 원전산업의 토대가 마련됐다"고 말했다

리스크된 이재명

더불어민주당의 '불공정 공천 '비판이 고조되면서
이재명 대표 리더십이 위기를 맞고 있다
이대로 가면 높은 정권 심판론에도 불구하고
민주당이 패배했던 2012년 총선의 악몽이
되풀이될 수 있다는 당내 우려가 커지고 있다
이재명 대표는 귀를 닫고 있다
대표가 민주당 선거의 최대리스크임이
재차 확인되고 있다는 비판까지 나온다
2월 22일까지 현역의원 의정평가가
하위 20% 통보가 공개된 이는 6명으로
모두 비명으로 김영주 · 이수진 의원은
평가결과에 반발하며 탈당을 선언했다
노웅래 의원은 당대표실에서 농성에 들어갔고
박용진 의원 같은 상징적 인물이
하위 10%에 든 것은 의심을 사기에
충분하다는 것이다

경매 취하 안내문

경매취하 안내문을 네 번씩 보내온
서울 서초동 00법무사무소 법무팀장
최00에게 전화를 걸었다
"지금은 받을 수 없습니다"라고 해 전화를 끊었는데
조금 후에 전화가 걸려왔다
그런데 다른 전화번호였다
"전화하셨지요?
"네 경매취하건으로…"
"…… 사무실로 찾아 가겠습니다"
"네 그러시면 5시에 양천구로…"
"전화 받는 분은 누구십니까"
"박00입니다"
"아니 나는 서초동에 있는 최00에게 전화를 했는데
박00는 무엇이고
사무실이 서초동이 아닌 양천구라니?"
전화를 끊고 다시 생각해도
마치 이건 보이스피칭 같기도 하고
007작전 같은 살벌한 분위기를 느끼게 한다

분노(憤怒)

왜 나에게 이런 시련이 닥쳐왔을까?
정의롭게 품위 있게 살려고 노력한 보람도 없이
나락으로 떨어진 느낌이다
신설동 풍물시장과 동묘 앞 벼룩시장을
몇 바퀴 돌아도 풀리지 않는다
세상이 나를 버린 것일까?
세상은 또 왜 이리 시끄러운가?
자유민주주의 · 시장경제가 헌법정신인 나라
대한민국에서 아직도 종북 · 반미 세력이
활개 치고 있는가 하면
4월 총선을 앞두고 벌어지는 정치권의
이합집산 등은 거의 막장드라마다
어느 한 구석에도 위로받을 곳이 없다
또 갈 곳은 풍물시장 · 벼룩시장밖에는 없는 것 같다

법조계에 경종을

요즘 운동 삼아 자주 가는 곳이 있다
온갖 사연·애환이 서려 있는 신설동
풍물시장과 동묘앞 벼룩시장이다
그곳에선 묘한 감정을 느낄 수 있다
100세시대 고령사회에 접어들면서
황혼이혼이 늘어나고 있다
황혼이혼으로 어려움에 처한 늙은이들은
아무렇게나 다뤄도 된다는 그릇된 생각이
법조계에 팽배해 있는 것 같아 서글프다
국민의 권리는 안중에도 없고
굴러들어온 떡(먹잇감)을 어떻게 요리할까?
그런 생각만이 존재하는 법조계 풍토에
경악할 수밖에 없다

거리에 나가면 몸이 불편한 노인들을 흔히 볼 수 있다
예전에 어린이들이 놀던 길가에
노인들이 절뚝거리면서 걸어가는 서글픈 풍경이다
늙은이들은 사회가 보호해주어야 한다
그러나 법정에서는 보호는커녕
엎치락뒤치락 변호인들의 성공보수나 챙겨주는
판결을 경험한 나는 깊은 고민에 빠져있다

특히 나의 경우는 서울가정법원에서
원고인 아내 임용원은 이혼할 생각이 없었으며
위자료와 자산분할 10억 원도 신청하지 않았다고 진술해
1심에서 기각판결을 받은 바 있다
다시 아내는 서울고등법원에서 이혼하지 않는 조건으로
3억 원을 요구했다
그러나 2023년 4월 20일 고등고법원(판사 김시철)은
뜻밖에도 이혼과 동시에
자산분할 818,000,000원을 선고했다

2023년 5월 24일 대법원에 상고했지만
8월 18일 대법원은 '심리불속행해기각' 판결을 내렸다
이는 재판이 아니라 국가권력의 횡포였다
이것도 모자라 2023년 9월 14일에는
서울중앙지방법원이 '2023타경112661
부동산강제경매' 통보를 해왔다
그로부터 오늘에 이르기까지 임용원을 만나
'강제 경매'를 피하려고 백방으로 노력했으나
종적을 감춰 만날 수가 없었다

드디어 2024년 2월 29일 1차 경매
(고시가 1,800,000,000원)가 실시되었다
서울중앙지방법원 4별관 211 입찰법정에서
소극장 같은 넓은 공간에 사람이라곤

10여 명밖에는 없었다
90 늙은이가 서초동 언덕빼기를
올라갈 수 있었다는 것에 만족해야하는가?
형용할 수 없는 기분을 억제해야 했다
국가권력의 전횡은 중단되어야 한다

2 · 3차경매에 이어 6월 20일 4차경매 때의
부동산 공시가격을 921,600,000원으로 책정해 놓았다
이 매각대금은 내가 지급해야 할 자산분할
금액+법정이자+상대방 성공보수를
지급하기에도 부족한 금액이다
자산분할이 아니라 자산 몰수(沒收)가 된다
지금 나의 심정은 착잡하다
어떤 대가를 치루더라도
경종(警鐘)을 울리고 싶은 심정이다
황혼이혼 당사자들에게도 경종이 될 것이기 때문이다

법조계의 금과옥조

대한민국 최고의 엘리트들이
금과옥조(金科玉條)로 여기는
'헌법 제103조'가 있다
그들의 과오도'헌법 제103조'로 호도(糊塗)하고 있다
헌법 제103조에서 각종비리가 생성되고
법조계의 빈부격차도 여기서 결정되고
부수적으로 따라붙는 고시낭인(考試浪人)들이
사회문제로 대두된 건 이미 오래전 일이다
이 조항은 통제가 안 된다
청원서 · 탄원서를 제출해도
헌법 제103조를 내밀면 끝난다

구원 등판한 김종인

개혁신당이 4·10총선 공관위원장에
김종인 위원장을 구원투수로 투입하면서
이준석 대표의 선택지가 주목받고 있다
당 관계자는"김 위원장 역할이 단순히
공천에만 머물지 않을 것"이라며
"이 대표와 김 위원장이 손잡고
시너지를 낼 수 있는 이슈 등을
만들지 않겠냐"고 말했다
이 대표가 2월 22일 하루 세 번이나
김 위원장을 찾아 읍소할 정도로
영입에 공을 들였다고 한다
국민의힘 관계자는 "여당에 공천파동이 일어나
이삭줍기를 할 줄 알았던 이준석 대표로선
예상이 크게 엇나가 당황스러울 것"이라며
"이 대표에겐 '김종인 카드'가
사실상 마지막 비단 주머니 아니겠는가"라고 했다

조국개혁당 영입인사

조국 전 법무부장관이 이끄는
조국개혁당은 2월 25일 총선 영입인
제1호로 신정식 변호사를 발표했다
신 변호사는 21대총선에 정의당
비례대표 후보 경선에 출마했다가
과거 음주운전·무면허운전 이력으로
후보직을 사퇴했다
신 변호사는 서울 동작구에서 입당 기자회견을 열고
"윤석열 정권을 조기 종식시키는 선봉장이 되겠다"며
"검찰개혁 언론개혁을 위해 행동하겠다"고 말했다

감동 없는 여당 경선

국민의힘 공천관리위원회는 2월 25일
19개 지역구의 1차경선 결과를 발표했다
1차경선에서 지역구 현역 의원이 모두 살아남았다
첫 번째 경선에서
지역구 현역이 모두 공천을 확정 지으면서
'조용하지만 감동 없는 공천'이라는 평가에
더욱 힘이 실릴 전망이다
시중의 유행어가 된 '비명횡사 친명횡재'라는
더불어민주당과는 양상이 다르다

트럼프 경선 5연승

2월 24일 트럼프 전 미국 대통령이 열린
공화당 사우스캐롤라이나주 예비선거에서
경쟁자인 니키 헤일리 전 유엔대사를 누르고 승리했다
트럼프는 아이오와 · 뉴햄프셔 · 네바다 ·
버진아일랜드에 이어 사우스캐롤라이나까지
5연승을 이어갔다
특히 경쟁자 헤일리가 태어난 곳이자
하원의원 및 주지사를 지낸
사우스캐롤라이나에서 승리하면서
대선행을 굳히는 모습이다
그러나 헤일리는 잇단 패배에도 불구하고
'완주 의지'를 굳히고 있다
트럼프 사법리스크에 희망을 건다는 해석이다

윤 대통령 지지율 41.9%

윤석열 대통령의 국정 지지율이 40%대를 회복했다는
여론조사 결과가 2월 26일 나왔다
여론조사업체 리얼미터의 조사결과
윤 대통령의 국정 수행 긍정평가는 41.9%로 집계됐다
국민의힘 지지율도 회복세로 돌아
전 지역에서 41%로 나타나 8개월 만에
민주당 지지율 36%를 앞섰다

군사보호구역 풀린다

정부가 여의도 면적의 117배에 달하는
군사시설보호구역을 해제하기로 했다
2007년 이후 최대다
특히 성남 서울공항에 인접한
서울 강남3구(강남· 송파구 서초)와
성남시 일부 그리고 충남 서천비행장
인근 지역 부동산시장이 활성화할 것이라는
관측이 나온다
윤석열 대통령은 26일 서산비행장에서 주재한
미래 산업으로 민생 활력 넘치는 민생토론회에서
"현재 우리국토의 8.2%가
군사시설보호구역으로 지정돼 있어
신축은커녕 증개축이나 대수선도 할 수 없는
규제에 막혀있다"며
"안보에 지장을 주지 않는 범위에서
적극적으로 주민 수요를 검토해
군사시설보호구역을 해제하기로 결정했다"고 말했다

민주당 공천 갈등

더불어민주당 4·10총선 갈등이
파국으로 치닫고 있다
고민정 최고위원이 비명계 찍어내기 논란에
문제의식을 느끼고 2월 26일 최고위원회를 보이콧했다
반면 이재명 대표는 "시스템공천에 따른
불가피한 결과"라는 답변만 반복했다
이재명 대표가 사태를 방관하는 사이에
지지율은 국민의힘에 역전됐다
비명계 박영순 의원이 27일 탈당을 예고하는 등
연쇄탈당이 예상되면서
"공천 파열음에 갈라지는 민주당"
"지지율은 줄줄 샌다"는 말이 무성하다

경향신문 이대근 칼럼

'이재명 사퇴를 권함'타이틀의 글이
2월 27일 경향신문 오피니언에 실렸다
이재명은 민주당 대표 자리에서 물러나야 한다
그는 경기도지사에서
당내 대선 경선 참여자로
대선 후보자로
대선 패배자로
당 대표로 자신의 지위가 변할 때마다
다른 사람이 되었다
특히 자기 정체성이었던 기본소득을 포기한 뒤
무엇이든 될 수 있는 사람처럼 행동했다
선거제를 약속하고 그걸 뒤집고
뒤집은 걸 다시 뒤집었다
불체포 특권 포기 선언을 하곤
포기를 포기했다가 이런 변심을 지지하지 않은
동료 의원을 공천과정에서 보복했다
전당대회 연설에서 '당대표 경쟁 후보가
공천을 걱정하지 않는 당'을 만들겠다고 다짐하곤
'공천 때 복수하는 당'으로 만들었다
그는 자신이 어디에 있는지 누구 앞에 있는지
정세와 자기 입지의 유불리에 따라 다른 사람이 된다

어제의 이재명은 오늘의 이재명이 아니고
내일의 이재명이 아니다
매일 변하는 남자를 사랑기는 어렵다
그의 말과 행동은 다음 말과 행동으로 뒤집힐 때까지
유효한 짧은 유통기한을 갖고 있다
그에게서 발견할 수 있는 일관성이 있다면
그것은 자기애(自己愛)뿐이다
"이재명은 자기 외 누구도 믿지 않고
누구도 사랑하지 않는 사람"이라고 했다
보수계 신문이 아니라 진보성향의 기사라 눈길을 끈다

이재명 사당됐다

4 · 10총선을 42일 남겨둔 상황에서
더불어민주당 공천 갈등이 정점을 향해 치닫고 있다
2월 27일 서울 중-성동갑에서
임종석 전 대통령비서실장을 컷오프하고
전현희 전 국민권익위원장을 전략공천하기로 의결하면서
공천 파동의 뇌관이자 '친문'의 상징적 인물이 배제됐다
문-명연대가 파국을 맞았다는 평가가 나오면서
정세균계-김근태계-노무현계
동교동계의 탈당이 이어지는 상황과 맞물려
"민주당이 모든 계파를 쳐내고
온전히 이재명당'으로 변신에 성공했다"는 평가 나왔다
의총에서는"이재명 대표가 남의 가죽을 벗기느라
손에 피 칠을 했다"는 강한 발발과 함께
여론조사업체 선정 의혹에 대한 폭로까지 나왔다

한국 탄약 제공 압력

젤렌스키 우크라이나 대통령이 서방에
포탄 지원을 호소하고 있는 가운데
EU국가들이 유럽산이 아닌 '제3국 탄약'을 구매해
우크라이나에 지원하는 방안에 속도를 내고 있다
우리 정부는 러시아와의 관계를 의식해
비살상무기 지원 방침을 고수하고 있다
하지만 최근 외신들은 탄약 구매가 가능한
제3국후보 중 하나로 한국을 거론하고 있다
전쟁이 2년째 계속되는 가운데 나토 안에서
유럽에 부족한 군수품을 한국에서
조달해야 한다는 목소리가 나오고 있다
신원식 국방부장관이 2월 26일 북한은
러시아에 수백 만발의 포탄을 제공했고
이에 대한 댓가로 러시아가 대북 식량지원에 나서
북한 내 식량 가격이 안정세를 보이고 있다고 밝혔다

스웨덴 NATO 가입

1814년 노르웨이와 전쟁을 치른 후
210년간 중립국 지위를 지켜온 스웨덴의
NATO 가입이 2월 26일 확정됐다
지난해 필란드에 이어 스웨덴까지 품에 안기면서
나토는 1990년 후반 동유럽 국가로의 진출 이후
가장 의미 있는 확장을 하게 됐다
지난해 4월 튀르키에에 이어 26일엔
헝가리 의회가 최종적으로 동의함으로써
스웨덴은 32번째 나토 회원국이 되면서
유럽의 안보지형이 크게 바뀌고 있다
북극권의 전략 요충지인 발트해 인접
국가들이 모두 나토회원국이 돼
러시아를 포위하는 형세가 됐다
나토의 동진(東進)을 막는다는 명분으로
우크라이나를 침공한 러시아 입장에선
되려 나토 확대란 정반대의 결과를 초래하고 말았다

육영수 여사 생가

윤석열 대통령은 2월 28일
충북 옥천군 육영수 여사 생가를 방문해
헌화와 묵념으로 육 여사 영전에 예를 표했다
방명록에 "어려운 분들과 어린이를 사랑해주신
육영수 여사님의 어진 뜻을 기억하며
국민을 따듯하게 살피셨다"고 적은 후 참배했다
현직 대통령이 육 여사의 생가를 찾은 건 처음이다
윤 대통령은 최근 민생토론회에서
박정희 대통령을 자주 언급하고 있다
대전에서 열린 토론회에선
"박정희 대통령의 혜안으로
대덕연구단지를 건설한 이후 대덕에서
이루어낸 수많은 성과가
우리나라 경제 · 산업발전에 토대가 됐다"고 했다

고민지 변호사 귀하

수고가 많으십니다.

어제 2월 29일 서울중앙지방법원(2023타경112661)11계에서 실시하는 경매장(4별관 211입찰법정)엘 갔습니다. 10시부터 40여분간 있는 동안 경매 59건에 13명이 참여할 정도로 저조했습니다.

고 변호사께서는 3월 22일 인천가정법원 부천지원(2023드단105566 재판상 파양 소송)에 우리 아이들과 출두하시는 걸로 알고 있습니다. 그동안 법무법인 세온 이혜원 변호사와의 대화를 주선하셨다고 들었습니다.

드릴 말씀은 이혜원 변호사는 나의 서신과 저서 『법조계 악성카르텔』을 수취거부하는 등 대화를 회피하고 있습니다.

원고인 임용원과 나는 35년간 재혼해서 행복하게 산 부부였습니다.

우리 아이들도 마찬가지입니다.

원치 않은 이혼이 성립되었습니다만 사후 수습이라도 원만하게 해결하고저 백방으로 노력했으나 대면조차 하지 못하고 오늘에 이르렀습니다. 너무나 답답합니다.

원고 임용원과 대화를 통해 원만한 사후수습을 원합니다.

해결할 수 있는 여력도 있습니다.

왜 지름길을 놔두고 가시밭길 같은 '부동산 강매'와 '파양 소송'을 고집하는지 이해가 되지 않습니다. 고 변호사께서 3월 22일 부천지원에 출두해서 대화할 수 있는 자리를 마련해 주시기를 부탁드립니다.

1차적으로 양측 변호사와 3자가 만나고, 후일 임용원과 합류, 네 사람이 토의하여 일괄 해결할 수 있도록 하자는 제안입니다. 어려운 부탁을 해 미안합니다.

2024년 3월 1일

김 제 방

윤 대통령 3 · 1절 기념사

윤석열 대통령이 3 · 1절 기념사에서
"북한 정권의 폭정과 인권 유린은
인류 보편의 가치를 부정하는 것"이라며
"자유와 인권이라는 보편의 가치를
확정하는 것이 바로 통일이다
우리 통일 노력이 북한 주민들에게 희망이 되고
등불이 돼야한다"고 밝혔다
북한이 민감하게 반응하는 인권문제를 정면으로 거론하며
'북한 주민들이 김정은 정권에서 해방돼
한국인들과 같은 자유를 누려야 한다'는
자유민주주의 체제 통일론을 내세운 것이다
김정은 북한 국무위원장이 1월
"통일과 동족개념을 지우라"며
한국을 "제1의 적대국"으로 규정했지만
윤 대통령은 자유통일론으로 맞대응한 것이다
"북한은 여전히 전체주의 체제와 억압통치를 이어가며
최악의 퇴보와 궁핍에서 벗어나지 못하고 있다"며
"북한 정권은 오로지 핵과 미사일에 의존하며
26,000만 북한 주민들을 도탄과
절망의 늪에 가두고 있다"고 비판했다
그러면서 "기미독립선언의 뿌리에는

자유주의가 있었다"며
"3 · 1운동은 모두가 자유와 풍요를 누리는
통일로 비로소 완결되는 것"이라고 했다

계양을 명룡대전

원희룡- "결국 오셨네요"
이재명- "무슨 말씀인지…?"
2024년 3월 3일 오전 9시 인천 계양구
박촌동 성당 앞에서 악수를 나누는 둘의 얼굴은
웃음을 머금고 있었지만 묘한 긴장감이 흘렀다
4 · 10총선의 최대 빅매치로 꼽히는
명룡대전(明龍大戰)의 서막이 올랐다
'보수정당의 무덤'이라고 불리는
인천 계양을이 무대다
3월 2일 후보로 확정된 뒤
첫 지역일정에 나선 이재명 대표와
2주 넘게 동네를 누빈 원희룡 전 국토교통부 장관이
현장에서 처음 맞닥뜨린 것이다
'보수정당의 무덤'은 2000년 이후
일곱 번의 국회의원 선거에서 한 번 빼고
모두 민주당 계열 후보가 승리해 붙은 별칭이다

의사 수만 명 거리로

3월 3일 정부의 의대 입학정원 확대에
반대하는 의사 등 경찰 추산
12,000명(주최측 추산 40,000명)이 서울 도심 집회를 열고
'2,000명 증원 백지화'를 요구했다
한덕수 국무총리는"어떤 상황이 와도
국민 생명을 볼모로 한
집단행동에 굴하지 않을 것"이라며
강경대응 기조를 밝혔다
경찰은 이날 김택우 의협 비대위원장 등
의협 현직 간부 4명을 출국금지 조치했다고 밝혔다

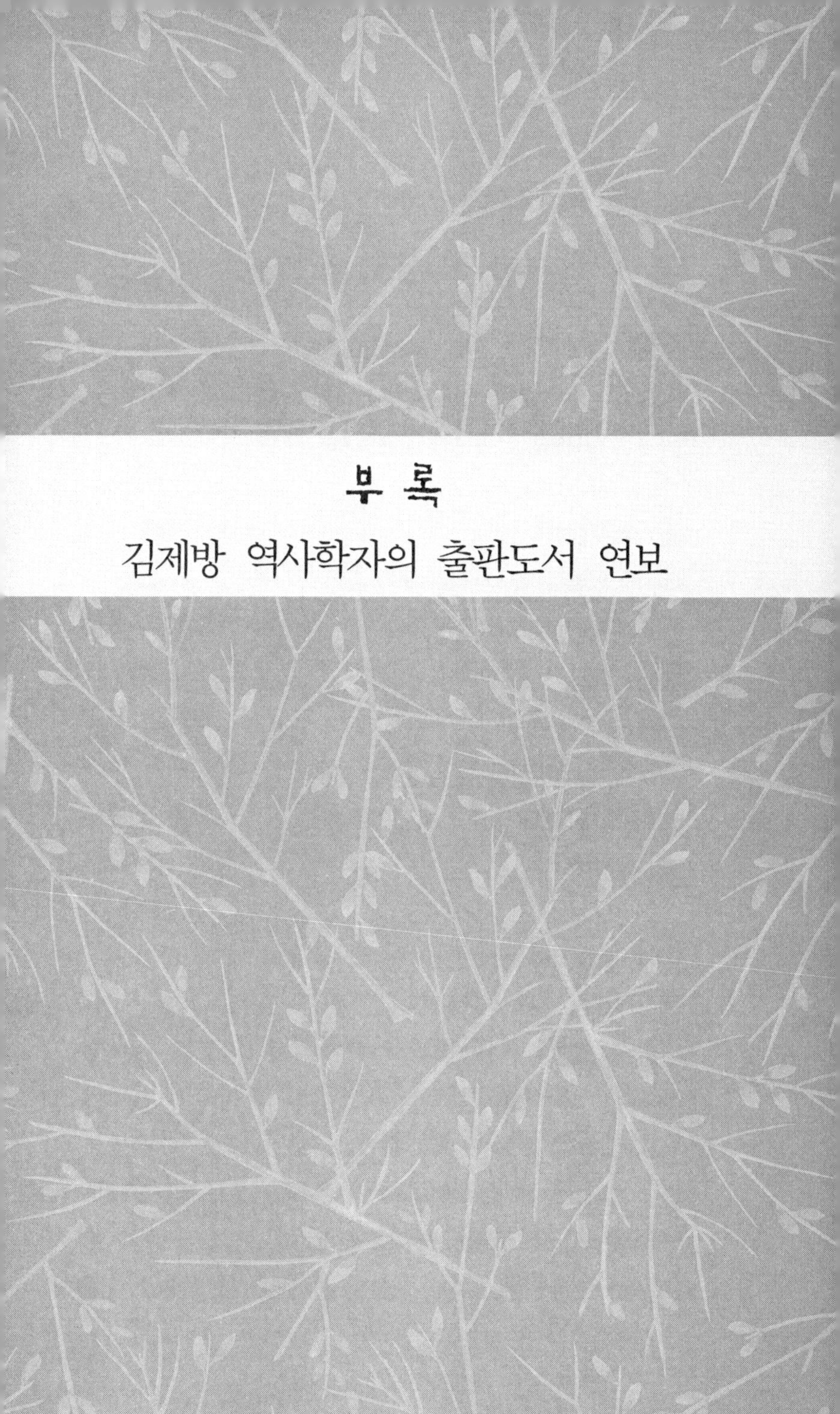

부록

김제방 역사학자의 출판도서 연보

김제방 역사학자의 출판도서 연보

수필집(여름사 · 지문사 · 행림출판)

1988년 인간적인 것이 그립다
1989년 빌딩 숲에 매달린 고슴도치
1991년 어느 여름밤의 방황
1992년 물꼬를 터 가는 사람들
1993년 사도세자 압구정역 하차
비에 젖은 남치맛자락
1994년 둥지를 찾아 헤매는 텃새
1996년 호박이 넝쿨째 굴렀네
목화꽃이 필 무렵

시집(지문사 · 한솜)

1998년 이집트로 가는 길
1999년 오아시스로 가는 길
2000년 베이징으로 가는 길
2001년 긴 만남 짧은 이야기
왕건의 나라
장하다 홍국영
2003년 흥선대원군 · 명성황후
2004년 고종황제의 최후
2005년 이승만과 김구의 대좌
2006년 박통의 그늘
세종대왕의 실수
2007년 불타는 창덕궁

역사서(문학공원)

2009년 한국근현대사

2010년 한국중고대사

2011년 조선왕조사

한국민주화역사

2013년 성공한국사(딥씨)

2015년 한국현대사 · 1

한국현대사 · 2

한국현대사 · 3

2016년 한국현대사 · 4

2017년 한국현대사 · 5

한국현대사 · 6

2018년 세계사와 함께 읽는 재미있는 韓國史

2018년 우면산 돌담불

2019년 한강의 기적

5 · 16혁명

2020년 박정희 황금시대

문재인 적폐시대

이승만 건국시대

전두환 오판시대

2021년 코로나 비상시대

흔들린 민주주의

박정희 100년 시대

추억의 대한제국

2022년 선진국 대한민국

선진국 원년의 한국

윤석열 대통령 시대

한국혁명의 빛

2023년 중동 건설 붐 이후

박정희 정신(통산 50권째 저서)

법조계 악성 카르텔

2024년 윤석열 외교훈풍

재판인가 개판인가

법조계의 경고음

김제방 역사서사시집

법조계의 경고음

초판발행일 2024년 3월 18일

지은이 : 김제방
발행인 : 김순진
편집장 : 전하라
디자인 : 김초롱
펴낸곳 : 도서출판 문학공원
등 록 : 2004년 3월 9일 제6-706호
주 소 : 우편번호 03382 서울 은평구 통일로 633
녹번오피스텔 501호 스토리문학사
전 화 : 02-2234-1666
팩 스 : 02-2236-1666
홈페이지 : https://blog.naver.com/ksj5562
이메일 : 4615562@hanmail.net

※ 책값은 뒤표지에 있습니다.